野菜たっぷり
スープの本

上島 亜紀

Soup for everyday !

朝日新聞出版

Prologue

野菜をたっぷり食べるスープ

毎日の食事の中で、一番ホッとするもの…。
人によっては炊きたてのごはんだったり、煮魚だったり…それぞれだと思います。

私にとっての一番ホッとするもの、それはスープです。
私の食生活に一番欠かせないものであり、
食べる人の体も心もたっぷり満たしてくれる万能食だと思っています。

例えば、最近、野菜を食べてないな〜と思うと、
無心になって作るのが野菜たっぷりのコンソメスープ。
このコンソメスープがあって、おいしいパンが添えてあるだけで、立派なごちそうです。
小腹がすいているときは、それだけで十分満たされますし、
あとひと口食べたいな〜と思ったら、
パスタやごはんを入れてスープパスタやスープごはんにもアレンジできます。

この本では、スープ好きの私がセレクトした、
いろいろなシーンで活躍しそうなスープをたくさん紹介しています。

野菜をそのままで食べるのは苦手だけど、形がないことでおいしく食べられるポタージュ。
野菜本来のおいしさを200%引き出すようにコンソメやブイヨンを入れずに仕上げます。

作りおきできて、塾に行く子供や、深夜族のためにも重宝する具だくさんスープ。

忙しい学生さんや一人暮らしの人のためのクイックスープやスープジャーレシピ。
そして、特別な日に自信を持って出せるごちそうスープなど…。

この一冊があれば、きっと、おいしくて楽しいスープ生活が待っています。
皆さんの「ホッ」とするひとときに、少しでもお役に立つことができれば幸いです。

上島亜紀

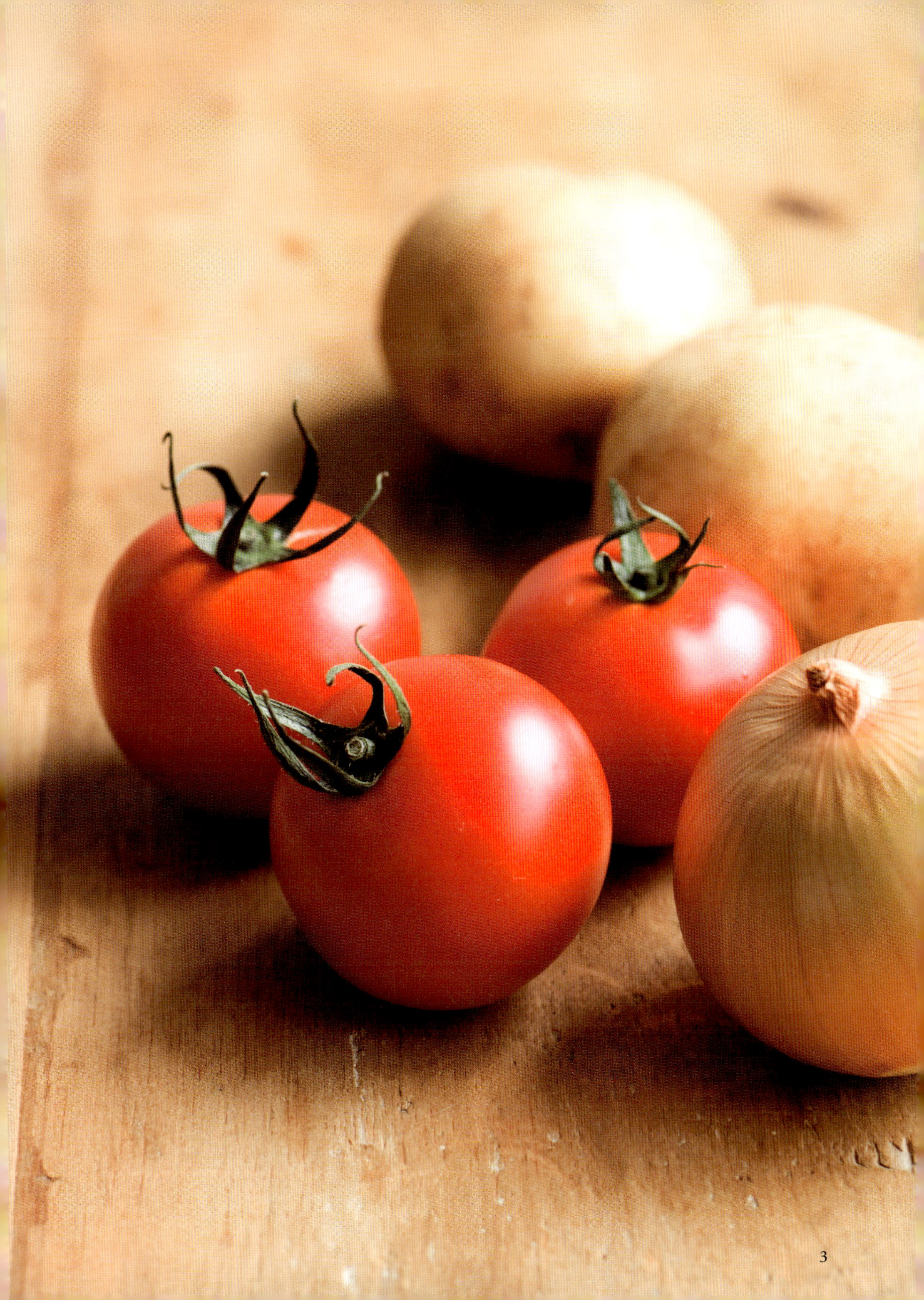

目次 Contents

プロローグ
野菜をたっぷり食べるスープ ……………………………………………… 2

Part1 野菜のポタージュ

ポタージュの素をたっぷり作って冷凍保存。……………………………… 8

とろみ野菜で作るポタージュ

_01 じゃがいも ……………………………………………………………… 10
　　Arrange Recipe　クリームグラタン／チキンときのこのクリームシチュー …… 13
_02 かぼちゃ
　　Arrange Recipe　かぼちゃのキッシュ ………………………………… 14
_03 さつまいも
　　Arrange Recipe　チーズリゾット ……………………………………… 16
_04 そら豆 ……………………………………………………………………… 18
_05 カリフラワー ……………………………………………………………… 19

とろみなし野菜で作るポタージュ

_01 にんじん
　　Arrange Recipe　キャロットパンケーキ ……………………………… 20
_02 かぶ
　　Arrange Recipe　中華風すり流し ……………………………………… 22
_03 ほうれん草
　　Arrange Recipe　ほうれん草のクリームニョッキ …………………… 24
_04 ごぼう ……………………………………………………………………… 26
_05 ブロッコリー ……………………………………………………………… 27

クイックスープ

3STEPでカンタン！電子レンジでクイックスープ ……………………… 28
鶏ささ身と薬味のスープ／
ウインナーとせん切り野菜のカレースープ ……………………………… 29
根菜のコンソメスープ／
もやしとチンゲン菜の酸辣湯 ……………………………………………… 30
あさりと豆腐のエスニックスープ／
玄米クッパ …………………………………………………………………… 31

column　ポタージュスープに添えたいトッピング ……………………… 32

Part2 野菜ゴロゴロ食べるスープ

たっぷり作って+αで楽しむスープ ... 34
野菜たっぷりスープ+α
_01 たっぷり野菜のコンソメスープ ... 36
 Arrange_01 スープ+サーモン+生クリーム→サーモンシチュー
 Arrange_02 スープ+カレールウ→野菜カレー ... 39
 Arrange_03 スープ+ショートパスタ→スープパスタ ... 40
 Arrange_04 スープ+トマト缶→さっぱりトマトスープ
 Arrange_05 スープ+鶏肉→エスニックチキンスープ ... 41
_02 クラムチャウダー
 Arrange Recipe クリームポテトコロッケ ... 42
_03 ミネストローネ
 Arrange Recipe ハトムギのミネストローネ ... 44
_04 ガンボスープ
 Arrange Recipe スパイシーハヤシライス ... 46
_05 豆乳根菜スープ
 Arrange Recipe お雑煮 ... 48
_06 野菜たっぷり担々スープ ... 50
_07 玄米プチコロスープ ... 51

column スープの保存のこと ... 52

Part3 21時からの体にやさしいスープ

消化にいい&低カロリー食材で作る21時からの満足スープ ... 54
21時からでも安心！ スープにプラスしたいおすすめ食材
たんぱく質は消化のいいものを／低カロ麺で満足／味カエ食材をプラス ... 56

21時からの満足スープ
_01 山いもとしょうがのスープ ... 58
_02 ほうれん草と長ねぎのスープ ... 60
_03 めかぶとオクラのスープ ... 62
_04 あさりとキャベツときのこのスープ ... 64
_05 コングクス風スープ ... 66
_06 モロヘイヤとセロリのスープ ... 68
_07 トマトと卵のかき玉スープ ... 69

お団子スープ
満足感たっぷり！お団子スープ ... 70
_01 豚団子の和風シチュー ... 72
_02 鶏団子と高菜のスープ ... 73
_03 合いびき団子のデミグラスープ ... 74
_04 えび団子とセロリのスープ ... 75
_05 あじ団子のおすまし ... 76
_06 たら団子と塩麹のミルクスープ ... 77

column スープの味づくりのコツ ... 78

Part4 グラタンスープ

じっくり炒めた野菜をSTOCKして作るスープ ……… 80
炒め野菜のグラタンスープ
_01 オニオングラタンスープ ……… 82
　　Arrange Recipe　まじめな欧風カレー ……… 85
_02 白菜グラタンスープ／Arrange Recipe　炒め白菜と卵のキッシュ ……… 86
_03 ミニトマトのグラタンスープ／Arrange Recipe　焼きミニトマトとアンチョビのパスタ ……… 88
_04 かぶのグラタンスープ ……… 90
_05 セロリとにんにくのグラタンスープ ……… 91

スープジャーレシピ
5分でできる！スープジャーレシピ ……… 92
すりごま豚汁 ……… 93
きのことチンゲン菜のスープ ……… 94
大根とにんじんのツナスープ／キムチとあさりのスープ ……… 95
ミニトマトのパスタスープ／韓国風トックスープ ……… 96
押し麦のトマトリゾット／トムヤムリゾット ……… 97

column　旬の野菜たっぷりのスープはそれだけでごちそう ……… 98

Part5 具だくさんのごちそうスープ

じっくり、コトコト、煮込むスープ ……… 100
大きめ具材のごちそうスープ
_01 ビーフシチュー ……… 102
　　Arrange Recipe　デミグラスソースのオムライス ……… 105
_02 ポトフ ……… 106
_03 ボルシチ ……… 108
_04 参鶏湯 ……… 110
_05 骨つき鶏のスープカレー ……… 112
_06 えびのグリーンカレー ……… 114
_07 バクテー ……… 116
_08 ブイヤベース ……… 118
_09 カルビチゲスープ ……… 119

スープに合うプチパン
フードプロセッサーで作る スープに合うプチパン ……… 120
コロッとハニーグラハムパン ……… 121
チーズスティックパン ……… 122
ミニミニ山型パン ……… 123
にんじんパン ……… 124
ノンイーストパン　コーンブレッド／スコーン ……… 125

さくいん ……… 126

この本の使い方

◎材料は4人分を基本にしています。21時からのスープは2人分、クイックスープやスープジャーのレシピは1人分です。◎計量単位は1カップ＝200ml、大さじ1＝15ml、小さじ1＝5ml、米1合＝180mlです。◎電子レンジは600Wを基本とし、500Wの場合は加熱時間を1.2倍に、700Wの場合は0.8倍にしてください。◎「少々」は小さじ1/6未満を、「適量」はちょうどよい量を入れること、「適宜」は好みで必要であれば入れることを示します。◎ポタージュスープ、野菜たっぷりスープ、グラタンスープは保存期間の目安を記しています。参考にしてください。◎レシピに出てくるだし汁は、かつお節と昆布でとる和風だしを使用しています。インスタントだしの場合は、商品の表示に従って湯で溶いて使用します。

Part 1
野菜の
ポタージュ

旬のおいしい野菜を使って、子供から大人まで
大人気のポタージュスープを作りましょう。
野菜のピュレを作って保存しておけば、
いつでもおいしいスープが楽しめます。

ポタージュの素を
たっぷり作って
冷凍保存。

ポタージュは、口あたりがなめらかで、のどごしもいい野菜のスープ。
見た目ではわからないけれど、どっさりの野菜が入った優れもの。
旬のおいしい野菜を使えば、季節のポタージュが味わえます。
おすすめなのが、ポタージュの素になる野菜のピュレをまとめてストックしておくこと。
食べるときに取り出して、牛乳、豆乳などを加えて温めるだけで、
とろーりなめらかなポタージュスープの完成です。

基本のポタージュ

長ねぎ ＋ セロリ ＋ バター ＋ ローリエ ＋ 野菜

基本のポタージュに使う材料は、長ねぎ、セロリ、バター、ローリエ。これらにメイン野菜をプラスして炒め、スープを注いで煮込むだけ。やわらかくなったらブレンダーで撹拌を。

とろみなしの野菜の場合
ごはんをプラスして
とろみをつける

Stock!

やわらかく煮込んだ野菜をブレンダーで撹拌したら、完全に冷めてからファスナーつき保存袋に入れる。空気を抜くようにして平らにならし密閉を。

Part 1　野菜のポタージュ

とろみ野菜で作る
ポタージュ

とろみ野菜で作るポタージュ_01

じゃがいも

ポタージュと聞いて、すぐに思い出すのがじゃがいも。
ふんわりとやさしいとろみはじゃがいもならではです。
白い色を保つためにも、焦がさないよう火力には十分注意。

材料（4人分）

じゃがいも（中）…2個（300g）
セロリ…1/2本（50g）
長ねぎ…1/2本（50g）
バター…40g
牛乳…250ml
ローリエ…1枚
塩…小さじ1/2弱
ナツメグ…少々

Memo

とろみ野菜と、とろみのない野菜のこと

ポタージュは、なめらかなとろみが特徴ですが、じゃがいも、かぼちゃ、さつまいも、そら豆などは素材自体のでんぷん質のとろみを生かします。一方、にんじん、かぶ、ほうれん草などのとろみのない野菜には、ごはんを加えてとろみをつけるのがポイントです。

作り方

下ごしらえ

1 野菜を薄く切る

セロリは筋を取り繊維を
断ち切るように、
できるだけ薄くスライスする。

長ねぎは斜めにできるだけ
薄くスライスする。

じゃがいもは皮をむき、
できるだけ薄い
輪切りにする。

Part 1　野菜のポタージュ

調理する

2 野菜を炒める

鍋にバターとセロリ、長ねぎを入れて弱火にかけ、焦げないように炒める。

Point! ここで焦げ色がつくと、ポタージュの仕上がりの色に影響が出る。

3 じゃがいもを加えて炒める

セロリと長ねぎがしんなりしてきたら、じゃがいもを入れて全体にバターが回るように中火で炒める。

4 蓋をして10分煮る

ひたひたの水、ローリエ、塩の半量を加え、蓋をして中火で10分ほど煮る。

5 ブレンダーで撹拌する

じゃがいもがやわらかくなったら、粗熱を取ってローリエを取り出す。鍋の中にブレンダーを入れ、撹拌してなめらかなピュレ状にする。

Stock!
じゃがいものピュレは、完全に冷めてからファスナーつき保存袋に入れて空気を抜き、冷凍保存を。

冷凍保存 **1カ月**

6 牛乳を加えて温める

牛乳を加えて混ぜながら温め、残りの塩で味をととのえる。器に盛り、ナツメグをふる。

Arrange Recipe

クリームグラタン

じゃがいものピュレに生クリームをプラスして温めれば、即席ホワイトソースのできあがり。ゆでた具材にたっぷりかけて、チーズをのせてオーブンで焼くだけだから簡単です。

材料（1人分）
じゃがいものピュレ…100g
むきえび…3尾
ブロッコリー…3房
マカロニ…30g
生クリーム…100ml
塩…小さじ¼
ピザ用チーズ…大さじ3
パン粉…大さじ½
パセリ（みじん切り）…少々

作り方
❶ じゃがいものピュレと生クリーム、塩をよく混ぜる。
❷ 耐熱容器にゆでたマカロニ、ブロッコリー、むきえびを入れ、❶、チーズ、パン粉の順にのせる。
❸ 200℃に予熱したオーブンで10分焼き、パセリをふる。

チキンときのこのクリームシチュー

シチューの素を使わずに、おいしいクリームシチューが作りたい！というときにもじゃがいものピュレが大活躍。牛乳と生クリームをプラスして。

材料（2人分）
じゃがいものピュレ…300g
鶏もも肉（小）…1枚（160g）
マッシュルーム…4個
エリンギ…1本
しめじ…½パック
牛乳…100ml
生クリーム…100ml
白ワイン…大さじ2
塩…小さじ½
白こしょう…少々

作り方
❶ 鶏肉をひと口大に切って軽く塩（分量外）をふる。きのこは石づきを切り落とし、マッシュルーム、エリンギは食べやすい大きさに切り、しめじは大きめにほぐす。
❷ 耐熱皿に❶をのせ、白ワインを回しかける。ふんわりラップをして、電子レンジで2分加熱し、裏返してさらに1分半加熱する。そのまま2分ほど電子レンジの中で蒸らす。
❸ 鍋にじゃがいものピュレ、牛乳、❷を蒸し汁ごと入れ、弱火で加熱しながら生クリームを加える。沸騰直前に火を止めて、塩、白こしょうで味をととのえる。

Part 1　野菜のポタージュ

とろみ野菜で作るポタージュ_02

かぼちゃ

β-カロテンやビタミンEが豊富なかぼちゃの鮮やかな色と甘味を生かしたポタージュスープ。
ひとふりのシナモンパウダーが、グンとかぼちゃの旨味を引き立てます。

材料（4人分）

- かぼちゃ…1/4個（350g）
- セロリ…1/2本（50g）
- 長ねぎ…1/2本（50g）
- バター…40g
- 牛乳…250ml
- ローリエ…1枚
- 塩…小さじ1/2
- シナモン…少々

作り方

❶ セロリは繊維を断ち切るように、長ねぎは斜めに、できるだけ薄くスライスする。かぼちゃは種を取り除いて皮をむき(a)、5mm幅にスライスする(b)。
❷ 鍋にバターとセロリ、長ねぎを入れてから弱火にかけ、焦げつかないように炒める。
❸ セロリと長ねぎがしんなりしてきたら、かぼちゃを入れて全体にバターが回るように中火で炒める。ひたひたの水、ローリエ、塩の半量を加え蓋をして中火で5分ほど煮る。
❹ かぼちゃがやわらかくなったら、粗熱を取ってローリエを取り出す。鍋の中にブレンダーを入れ、撹拌してなめらかなピュレ状にする。
❺ 牛乳を加えて混ぜながら温め、残りの塩で味をととのえ、器に盛り、シナモンをふる。

Stock!

かぼちゃのピュレは、完全に冷めてからファスナーつき保存袋に入れ、空気を抜いて冷凍保存。

冷凍保存 1ヵ月

Point!

a かぼちゃの皮は包丁でそぐようにしてむくと簡単。

b 皮をむいたら、反対にして端から5mm幅のスライスに。

Arrange Recipe

かぼちゃのキッシュ

材料（直径18cmのキッシュ型1台分）

A ｜ かぼちゃのピュレ…100g
　 ｜ 卵…1個
　 ｜ 生クリーム…50ml
- ベーコン（薄切り）…2枚
- パイシート（市販）…2枚
- ピザ用チーズ…大さじ4

作り方

❶ 2枚のパイシートを広げて、ふちに溶き卵（分量外）をはけで塗って重ねる。型に敷き詰め、クッキングシートをかぶせ、タルトストーンをのせて180℃に予熱したオーブンで30分焼く。
❷ ボウルにAを入れてよく混ぜる。
❸ ❶にチーズ、ベーコンを敷き、❷を流し入れ、180℃に予熱したオーブンで20〜30分焼く。

Part 1　野菜のポタージュ

とろみ野菜で作るポタージュ_03

さつまいも

でんぷん質が多く、甘味の強いさつまいものポタージュは、
子供も喜ぶほっこり味だから、デザートスープとしても。
仕上げはローストしたくるみで味を引き締めて。

材料（4人分）

さつまいも（大）…1本（300g）
セロリ…½本（50g）
長ねぎ…½本（50g）
バター…40g
牛乳…250ml
ローリエ…1枚
塩…小さじ½
くるみ（ロースト済み）…少々

作り方

❶セロリは繊維を断ち切るように、長ねぎは斜めにできるだけ薄くスライスする。さつまいもは皮を厚めにむき(a)、5mm幅の半月切りにし、水にさらす(b)。
❷鍋にバターとセロリ、長ねぎを入れてから弱火にかけ、焦げつかないように炒める。
❸セロリと長ねぎがしんなりしてきたら、さつまいもを入れて全体にバターが回るように中火で炒める。
❹ひたひたの水、ローリエ、塩の半量を加え、蓋をして中火で10分ほど煮る。
❺さつまいもがやわらかくなったら、粗熱を取ってローリエを取り出す。鍋の中にブレンダーを入れ、撹拌してなめらかなピュレ状にする。
❻牛乳を加えて混ぜながら温め、残りの塩で味をととのえる。器に盛り、くるみをのせる。

Stock!

ファスナーつき保存袋に、完全に冷めたさつまいものピュレを入れ、平らにして密閉保存を。

冷凍保存 1ヵ月

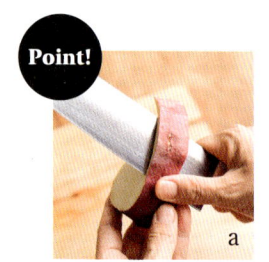

Point!

さつまいもの皮は厚めにむいて、渋味を除きます。輪切りにしてからむくとやりやすくなります。

半月切りにしたら、たっぷりの水にさらして、アク抜きを。

Arrange Recipe

チーズリゾット

材料（1人分）

さつまいものピュレ…100g
牛乳…70ml
ごはん…100g
塩…小さじ¼弱
こしょう…少々
パルミジャーノレッジャーノ
　（すりおろし）…大さじ2

作り方

❶さつまいものピュレ、牛乳、水で洗ったごはんを鍋に入れて中火で加熱し、沸騰直前に火を止め、塩、こしょうで味をととのえる。
❷器に盛り、パルミジャーノをたっぷりかける。

Part 1　野菜のポタージュ

とろみ野菜で作るポタージュ_04

そら豆

色鮮やかで香りのいい旬のそら豆をまとめてゆでて、
ピュレ状にしましょう。
牛乳でも豆乳でのばしてもおいしい。
ほんのり香る初夏の香りを贅沢に味わって。

Stock!
冷凍保存
1ヵ月

材料（4人分）
- そら豆（さやから出して）…300g
- セロリ…1/2本（50g）
- 長ねぎ…1/2本（50g）
- バター…40g
- 牛乳…250ml
- ローリエ…1枚
- 塩…小さじ1/4
- こしょう…少々

作り方

❶ セロリは繊維を断ち切るように、長ねぎは斜めに、できるだけ薄くスライスする。そら豆は薄皮を取り除き、トッピング用に2粒取っておき、軽く塩ゆでして刻んでおく。

❷ 鍋にバターとセロリ、長ねぎを入れてから弱火にかけ、焦げつかないように炒める。

❸ セロリと長ねぎがしんなりしてきたら、そら豆を入れて全体にバターが回るように中火で炒める。

❹ ひたひたの水、ローリエ、塩の半量を加え、蓋をして中火で7分ほど煮る。

❺ そら豆がやわらかくなったら、粗熱を取ってローリエを取り出す。鍋の中にブレンダーを入れ、撹拌してなめらかなピュレ状にする。

❻ 牛乳を加えて混ぜながら温め、残りの塩で味をととのえ、こしょうをふり、トッピング用のそら豆をのせる。

Memo

そら豆の選び方と保存方法

そら豆はさやの色が鮮やかで、ツヤのあるものが新鮮。茶色い部分があったり、筋が茶色くなっているものは避けましょう。ポリ袋に入れて野菜室で保存が長持ちの秘訣です。

とろみ野菜で作るポタージュ_05

カリフラワー

真っ白いカリフラワーは、とろみのある野菜の中でも、少しサラッとした味わい。セロリの葉を使ったジェノベーゼソースを少したらして召し上がれ。

Stock!
冷凍保存
1ヵ月

材料（4人分）
カリフラワー(小)…1株(500g)
セロリ…½本(50g)
長ねぎ…½本(50g)
バター…40g
牛乳…250ml
ローリエ…1枚
塩…小さじ½
セロリのジェノベーゼ
　（作り方→P32参照）…少々

作り方
❶セロリは繊維を断ち切るように、長ねぎは斜めに、できるだけ薄くスライスする。カリフラワーは小房に分け、縦3枚にスライスする。

❷鍋にバターとセロリ、長ねぎを入れてから弱火にかけ、焦げつかないように炒める。

❸セロリと長ねぎがしんなりしてきたら、カリフラワーを入れて全体にバターが回るように中火で炒める。

❹ひたひたの水、ローリエ、塩の半量を加え、蓋をして中火で7分ほど煮る。

❺カリフラワーがやわらかくなったら、粗熱を取ってローリエを取り出す。鍋の中にブレンダーを入れ、撹拌してなめらかなピュレ状にする。

❻牛乳を加えて混ぜながら温め、残りの塩で味をととのえ、セロリの葉のジェノベーゼをたらす。

Point!
カリフラワーは小房に分けたあと、縦にスライスしておくと、ゆでる際に均等に火が通りやすくなります。

とろみなし野菜で作る
ポタージュ

とろみなし野菜で作るポタージュ_01

にんじん

β-カロテンの豊富なにんじんをたっぷり使ったポタージュスープは、
健康のために毎日食べたい。
とろみのない野菜には、ごはんを足してとろみをつけて。

材料（4人分）
にんじん（中）…2本（300g）
セロリ…½本（50g）
長ねぎ…½本（50g）
バター…40g
ごはん…大さじ3
牛乳…250ml
ローリエ…1枚
塩…小さじ½
タイム…少々
オリーブオイル…少々

ごはんでとろみづけ！

作り方
❶セロリは繊維を断ち切るように、長ねぎは斜めに、できるだけ薄くスライスする。にんじんは皮をむき、ごく薄く輪切りにする。
❷鍋にバターとセロリ、長ねぎを入れてから弱火にかけ、焦げつかないように炒める。
❸セロリと長ねぎがしんなりしてきたら、にんじん、ごはんを入れて全体にバターが回るように中火で炒める。
❹ひたひたの水、ローリエ、塩の半量を加え、蓋をして中火で10分ほど煮る。
❺にんじんがやわらかくなったら、粗熱を取り、ローリエを取り出す。鍋の中にブレンダーを入れ、撹拌してなめらかなピュレ状にする。
❻牛乳を加えて混ぜながら温め、残りの塩で味をととのえ、タイムをふり、オリーブオイルをたらす。

Stock!
ファスナーつき保存袋に入れ、空気を抜いて冷凍保存。小分けにするのもおすすめ。

冷凍保存
1カ月

Point!
にんじんはごく薄く切ることが、早く火が通り、やわらかくなる秘訣。

Arrange Recipe

キャロットパンケーキ

材料（2人分）
にんじんのピュレ…50g
ホットケーキミックス…100g
プレーンヨーグルト…大さじ2
卵…1個
牛乳…50ml

作り方
❶ボウルに材料をすべて混ぜ合わせる。
❷フッ素樹脂加工のフライパンを熱し、一度ぬれ布巾にのせ粗熱を取る。生地の¼を流してから、中火にかけ、両面を色よく焼く。
❸同じように残り3枚焼き、2枚ずつ皿にのせ、お好みでソーセージ、サラダを添える。

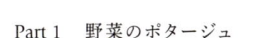

Part 1　野菜のポタージュ

とろみなし野菜で作るポタージュ_02

かぶ

火がすぐに通りやすいかぶは、薄切りにしてじっくり炒めて甘味を引き出して。
ごはんを入れるだけなのに、なめらかなとろみがついて
ふんわりとした口あたりがおいしい。

材料（4人分）

かぶ（大）…3個（300g）
セロリ…1/2本（50g）
長ねぎ…1/2本（50g）
バター…40g
牛乳…250ml
ごはん…大さじ3
ローリエ…1枚
塩…小さじ1/2
こしょう…少々
かぶの茎…少々

作り方

❶セロリは繊維を断ち切るように、長ねぎは斜めに、できるだけ薄くスライスする。かぶは皮をむき、ごく薄く半月切りにする。
❷鍋にバターとセロリ、長ねぎを入れてから弱火にかけ、焦げつかないように炒める。
❸セロリと長ねぎがしんなりしてきたらかぶ、ごはんを入れて全体にバターが回るように中火で炒める。
❹ひたひたの水、ローリエ、塩の半量を加え蓋をして中火で5分ほど煮る。
❺かぶがやわらかくなったら、粗熱を取り、ローリエを取り出す。鍋の中にブレンダーを入れ、撹拌してなめらかなピュレ状にする。
❻牛乳を加えて混ぜながら温め、残りの塩で味をととのえる。器によそい、刻んだかぶの茎をのせ、こしょうをふる。

Stock!

小さめの冷凍用保存容器に入れて保存するのもおすすめ。

冷凍保存
1ヵ月

Point!

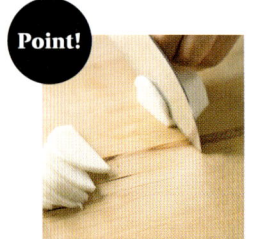

かぶは皮をむき、縦半分に切って端から薄くスライスします。

Arrange Recipe

中華風すり流し

材料（2人分）

かぶのピュレ…150ml
鶏がらスープの素
　…小さじ1/2
水…150ml
ごま油…小さじ1
かぶの茎…少々

作り方

❶鍋にかぶのピュレ、分量の水、鶏がらスープの素を入れ、中火で温める。
❷器によそい、刻んだかぶの茎、ごま油をトッピングする。

Part 1　野菜のポタージュ

とろみなし野菜で作るポタージュ_03

ほうれん草

ほうれん草はビタミンA、Cをはじめ、鉄分も豊富な緑黄色野菜。
たっぷり300g分をゆでてピュレ状にして、
スープやニョッキ、パスタのソースに使いましょう。

材料（4人分）
ほうれん草…1½束（300g）
セロリ…½本（50g）
長ねぎ…½本（50g）
バター…40g
牛乳…250ml
ごはん…大さじ3
ローリエ…1枚
塩…小さじ½
パルミジャーノレッジャーノ
　（すりおろしたもの）…少々

作り方
❶セロリは繊維を断ち切るように、長ねぎは斜めに、できるだけ薄くスライスする。ほうれん草は下ゆでし、水けを絞って1cm幅に切る。
❷鍋にバターとセロリ、長ねぎを入れてから弱火にかけ、焦げつかないように炒める。
❸セロリと長ねぎがしんなりしてきたら、ほうれん草、ごはんを入れて全体にバターが回るように中火で炒める。
❹ひたひたの水、ローリエ、塩の半量を加え、蓋をして中火で5分ほど煮る。
❺ほうれん草がやわらかくなったら、粗熱を取り、ローリエを取り出す。鍋の中にブレンダーを入れ、撹拌してなめらかなピュレ状にする。
❻牛乳を加えて混ぜながら温め、残りの塩で味をととのえ、パルミジャーノレッジャーノをふる。

Stock!
ほうれん草は変色しやすいので、空気にふれないように密閉すること。

冷凍保存 **1カ月**

Point! 
ゆでた後、流水にさらしてアクを抜き、よく水けを絞って刻みます。

Arrange Recipe

ほうれん草の
クリームニョッキ

材料（1人分）
ほうれん草のピュレ…100ml
生クリーム…50ml
塩…小さじ¼
こしょう…少々
ニョッキ…50g

作り方
❶ほうれん草のピュレと生クリームを鍋に合わせて中火にかけ、沸騰直前まで温め、塩、こしょうで味をととのえる。
❷ゆでたニョッキを❶に加えて混ぜる。

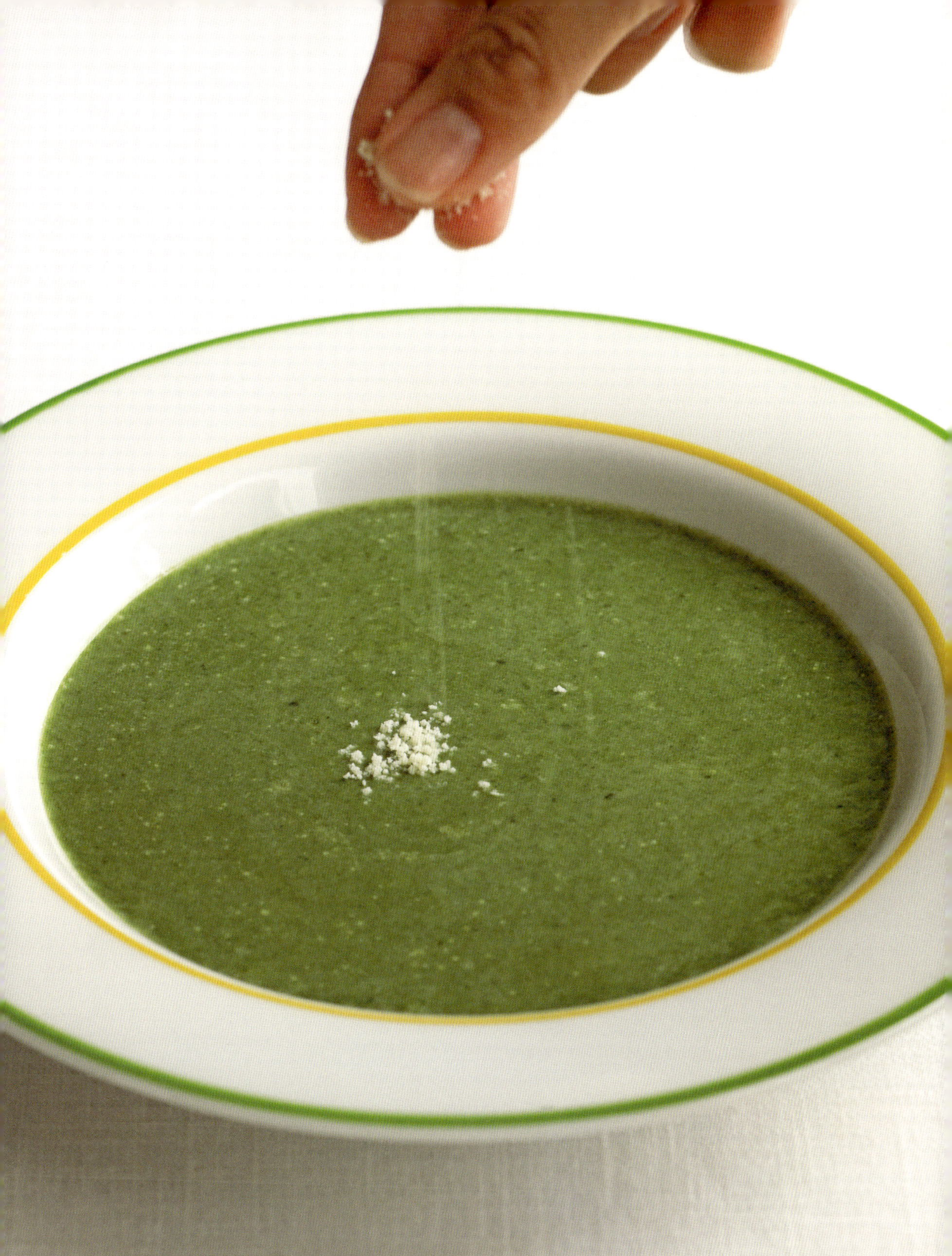

とろみなし野菜で作るポタージュ_04

ごぼう

ごぼうの香りが本当に引き立っていて、私の中では特別な一品。保存も他のポタージュと同様にファスナーつき保存袋に入れて冷凍保存を。

Stock!
冷凍保存
1ヵ月

材料（4人分）
ごぼう（太いもの）…1本（300g）
セロリ…1/2本（50g）
長ねぎ…1/2本（50g）
バター…40g
牛乳…250ml
ごはん…大さじ3
ローリエ…1枚
塩…小さじ1/2
白すりごま…少々

作り方
❶セロリは繊維を断ち切るように、長ねぎは斜めに、できるだけ薄くスライスする。ごぼうは皮をこそぎ落とし、斜めに薄くスライスして水にさらす。
❷鍋にバターとセロリ、長ねぎを入れてから弱火にかけ、焦げつかないように炒める。
❸セロリと長ねぎがしんなりしてきたらごぼう、ごはんを入れて全体にバターが回るように中火で炒める。
❹ひたひたの水、ローリエ、塩の半量を加え、蓋をして中火で10分ほど煮る。
❺ごぼうがやわらかくなったら、粗熱を取り、ローリエを取り出す。鍋の中にブレンダーを入れ、撹拌してなめらかなピュレ状にする。
❻牛乳を加えて混ぜながら温め、残りの塩で味をととのえ、白すりごまをふる。

Point!
斜め薄切りにしたごぼうはすぐに水にさらしてアクを抜きます。

とろみなし野菜で作るポタージュ_05

ブロッコリー

ブロッコリーは舌触りがザラザラしそうな
気もするけれど、ごはんを加えて撹拌することで、
さらりとしたとろみのある仕上がりに。
オリーブオイルひとたらしがおいしい。

Stock!
冷凍保存
1カ月

材料（4人分）
ブロッコリー…1株（250g）
セロリ…½本（50g）
長ねぎ…½本（50g）
バター…40g
牛乳…250ml
ごはん…大さじ3
ローリエ…1枚
塩…小さじ½
イタリアンパセリ…少々
オリーブオイル…少々

作り方
❶セロリは繊維を断ち切るように、長ねぎは斜めに、できるだけ薄くスライスする。ブロッコリーは小房に分け、縦3等分にスライスする。
❷鍋にバターとセロリ、長ねぎを入れてから弱火にかけ、焦げつかないように炒める。
❸セロリと長ねぎがしんなりしてきたらブロッコリー、ごはんを入れて全体にバターが回るように中火で炒める。
❹ひたひたの水、ローリエ、塩の半量を加え、蓋をして中火で7分ほど煮る。
❺ブロッコリーがやわらかくなったら、粗熱を取り、ローリエを取り出す。鍋の中にブレンダーを入れ、撹拌してなめらかなピュレ状にする。
❻牛乳を加えて混ぜながら温め、残りの塩で味をととのえ、イタリアンパセリをのせ、オリーブオイルをたらす。

Point!

ブロッコリーは縦にスライスするとまんべんなく水につかります。

Part 1　野菜のポタージュ　27

3 STEPでカンタン！電子レンジでクイックスープ

時間のない朝やランチでも、おいしいスープを味わいたい。
そんな願いをかなえてくれるのがクイックスープ。
薄切りの野菜とその他の材料をカップに入れて電子レンジに入れるだけ！
たった1分30秒加熱するだけでおいしいスープの完成です。

STEP 1 野菜を切る

まずは、野菜や肉、ソーセージ、ベーコンなどの材料を切りましょう。できるだけ薄く切るのが火を均一に通すポイント。

STEP 2 耐熱容器に材料を入れる

耐熱のスープカップに材料とスープの素、だし汁または水を加えます。できあがりの見栄えを意識しながら材料を盛るのもコツ。

STEP 3 レンジでチン！

ラップをふんわりかけて、電子レンジに入れ、1分30秒～2分加熱！あっという間にできて、野菜もたっぷりだからうれしい。

鶏ハムはまとめて作っておくと便利！
鶏ささ身と薬味のスープ

材料（1人分）
- 鶏ささ身ハム（下記参照）…½本
- 三つ葉…5本
- 長ねぎ…3cm
- みょうが…½個
- しょうが…¼かけ
- 鶏がらスープの素…小さじ¼
- だし汁…200ml
- 白こしょう…少々

作り方
① 三つ葉は3cm幅に切り、長ねぎ、みょうがはできるだけ薄く斜めにスライスする。しょうがは細いせん切りにし、鶏ささ身ハムもスライスする。
② 耐熱カップに①、鶏がらスープの素を入れ、だし汁を注ぐ。
③ ふんわりラップをして電子レンジで1分30秒加熱し、仕上げに白こしょうをふる。

Point!
三つ葉、長ねぎ、みょうがの香味野菜がおいしい。仕上げにこしょうを忘れずに。

鶏ささ身ハムの作り方（作りやすい分量） 冷凍庫でStock!
鶏ささ身4本は軽く塩大さじ½をふり、耐熱皿にのせる。長ねぎ1本の青い部分、しょうがの皮1かけ分をのせて、酒大さじ2をふり、ふんわりラップをし、電子レンジで2分加熱する。一度取り出し、ひっくり返してさらに1分30秒加熱し、2分おく。

トーストを焼いている間にできる
ウインナーとせん切り野菜のカレースープ

材料（1人分）
- ウインナー…1本
- じゃがいも…¼個
- にんじん…⅙本
- 玉ねぎ…⅛個
- カレールウ…½個（10g）
- A │ 水…200ml
  │ 顆粒コンソメスープの素…小さじ1

作り方
① じゃがいも、にんじんはせん切り、玉ねぎは薄切りにする。ウインナーは斜め薄切りにする。
② 耐熱カップに①とAを加え、ふんわりラップをして電子レンジで1分30秒加熱する。
③ 一度取り出し、カレールウを加えてよく溶かし、さらに30秒加熱する。

Point!
じゃがいも、にんじん、玉ねぎは大きさを揃えて切って。火が均一に通ります。

電子レンジでクイックスープ

根菜のスープだって電子レンジにおまかせ！
根菜のコンソメスープ

材料（1人分）
- ベーコン…1/2枚
- にんじん…1/8本
- ごぼう…3cm
- 長ねぎ…3cm
- 水…200ml
- 顆粒コンソメスープの素…小さじ1 1/2
- 粗びき黒こしょう…少々

作り方
1. にんじんとごぼうはスライサーでせん切りにする。ごぼうは5分ほど水にさらす。長ねぎは斜めスライス、ベーコンは5mm幅に切る。
2. 耐熱カップに❶と分量の水、コンソメスープの素を加え、ふんわりラップをし、電子レンジで1分30秒加熱し、こしょうで調味する。

Point!
にんじんとごぼうは、スライサーで極細のせん切りにするのがコツ。

もやしとチンゲン菜の火の通り加減が絶妙！
もやしとチンゲン菜の酸辣湯（サンラータン）

材料（1人分）
- もやし…1/6袋
- チンゲン菜…1枚
- 長ねぎ…3cm
- 鶏そぼろ（下記参照・市販品でもOK）…大さじ1
- 鶏がらスープの素…小さじ1/2
- しょうゆ…小さじ1
- 酢…大さじ1/2
- 水…200ml
- 酒…大さじ1/2
- 食べるラー油…大さじ1/2
- 白いりごま…小さじ1

作り方
1. チンゲン菜は茎の部分はもやしにサイズを合わせてせん切り、葉は1cm幅に切る。長ねぎは薄切りにする。
2. 耐熱カップに鶏がらスープの素、鶏そぼろ、分量の水、酒、もやし、チンゲン菜、長ねぎ、しょうゆ、酢を入れ、ふんわりラップをし、電子レンジで1分30秒加熱する。仕上げにラー油をのせ、白いりごまをふる。

鶏そぼろの作り方（作りやすい分量）

鶏そぼろは、鶏ひき肉400gにしょうが（みじん切り）1かけ分、酒・しょうゆ・みりん各大さじ3、白いりごま適量を加えて炒め合わせて。

あさりの旨味とナンプラーの組み合わせが絶妙!
あさりと豆腐のエスニックスープ

材料（1人分）
あさり（缶詰）…大さじ1
もやし…1/6袋
しょうが…1/4かけ
万能ねぎ…2本
木綿豆腐…1/6丁（50g）
鶏がらスープの素…小さじ1
水…200ml
ナンプラー…小さじ1
こしょう…少々

作り方
❶耐熱カップに鶏がらスープの素、缶汁ごとのあさり、分量の水、もやし、しょうがのせん切り、ナンプラー、大きめにくずした豆腐を入れ、ふんわりラップをし、電子レンジで1分30秒加熱する。
❷小口切りにした万能ねぎをのせ、こしょうをふる。

Point!
あさりは缶詰を使うと簡単にできます。旨味たっぷりの缶汁も加えるのがコツ。

冷凍ごはんがあれば、あっという間!
玄米クッパ

材料（1人分）
大根…5mm厚さの輪切り1枚
にんじん…1/8本
玉ねぎ…1/8個
卵…1個
ダシダ…小さじ2
水…200ml
粗びき黒こしょう…少々
玄米ごはん（冷凍）…50g

作り方
❶大根とにんじんは皮をむき、大根は薄めのいちょう切りにし、にんじんは薄めの半月切り、玉ねぎは薄くスライスする。
❷耐熱カップに❶を入れ、ダシダ、分量の水、凍ったままの玄米ごはんを加え、ふんわりラップをし、電子レンジで1分30秒加熱する。
❸こしょうで味をととのえ、溶き卵を回しかけ、ラップをし、さらに電子レンジで30秒加熱する。

Point!
ダシダとは韓国のインスタントだしの素。ビーフコンソメスープの素で代用可。

Column

ポタージュスープに添えたいトッピング

ポタージュスープのトッピングに特におすすめなのが、余った葉物野菜を使ったジェノベーゼ。
いつも捨てがちなセロリの葉やかぶの葉を利用しましょう。他にも香り高い野菜なら、何でも応用できます。
例えば、春菊やセリ、香菜、青じそなどの香り野菜がおすすめ。
また、ポタージュ×スパイスも味わいを深いものに。
例えば、にんじん×カルダモン、かぼちゃ×シナモン、カリフラワー×クミンパウダー、
じゃがいも×ナツメグなどの組み合わせがおすすめです。

手作りセロリのジェノベーゼの作り方

セロリの葉1株分、オリーブオイル50ml、塩小さじ¼を
フードプロセッサーに入れて撹拌する。

Part 2
野菜ゴロゴロ
食べるスープ

最近、野菜をあんまり食べてないな〜、と感じたら、
野菜をたくさん使ったスープを作りましょう。
生でサラダにして食べるよりも、カサも減り、
たっぷり野菜が摂れます。

たっぷり作って
+αで楽しむスープ

最近、野菜不足だな…と感じたり、野菜が使い切れずに残ったりしていませんか？
そんなときは、刻んだいろいろ野菜をコトコト煮込んで、スープをたっぷり作りましょう。
毎日の朝食にはもちろん、ショートパスタやトマト缶をプラスすれば、違ったおいしさに出合えます。
数種類の野菜の旨味がギュッと詰まったビタミン、ミネラルたっぷりスープを
さあ、召し上がれ！

VEGETABLE SOUP！

+

ショートパスタ　　カレールウ　　トマト缶　　乳製品

Part 2 野菜ゴロゴロ食べるスープ

野菜
たっぷりスープ＋α

野菜たっぷりスープ_01

たっぷり野菜の コンソメスープ

いつも野菜室にありそうな、7種類の野菜たちとベーコンを1cm角に切って作る野菜スープ。
まとめてストックしておけば、何かとアレンジできるから便利。
＋αの食材＆調味料でおいしく食べ切りましょう！

材料（4人分）

玉ねぎ…1個
セロリ…1本
にんじん（小）…1本
じゃがいも（中）…2個
かぶ（大）…1個
ズッキーニ…1本
キャベツ…¼個
ベーコン（厚切り）…100g
白ワイン…50ml
A ┃ 水…1500ml
　 ┃ コンソメスープの素…大さじ3
　 ┃ ローリエ…1枚
塩…小さじ½
こしょう…少々
オリーブオイル…大さじ1

作り方

下ごしらえ

1 野菜、ベーコンを切る

1cm

野菜はすべて1cmの角切りにする。

7mm

ベーコンは7mm幅に切る。

調理する

2 ベーコンをじっくり炒める

鍋にオリーブオイルとベーコンを入れて弱火にかけ、じっくり炒める。

3 野菜を炒める

セロリ、玉ねぎを2に加えてさらに透き通るまで中火で炒める。にんじん、じゃがいも、かぶ、ズッキーニ、キャベツの順に加え、炒める。

4 白ワインを加えて炒める

全体に油が回ったら、白ワインを加え、水分を飛ばすように炒める。

5 Aと塩を加えて煮込む

4にAと塩の半量を加えて蓋をし、野菜に火が通るまで弱めの中火で15〜20分煮込む。残りの塩、こしょうで味をととのえる。

Point! 野菜をしっかり炒めたあとに、白ワインを回しかけて水分を飛ばすのがおいしさのポイント！

Stock!

大きめのスタックなどに入れて冷蔵保存。食べるたびに、電子レンジ加熱で温め直せば、1週間保存も可能。

冷蔵保存 **3日間**

+αで Arrange!!

Arrange_01

スープ ＋ サーモン ＋ 生クリーム

サーモンシチュー

たっぷり野菜のコンソメスープに、サーモンと生クリームをプラスすれば、簡単シチューの完成！

材料（1人分）
たっぷり野菜のコンソメスープ
　…1人分
サーモン（切り身）…1切れ
生クリーム…100ml
塩…小さじ¼
白ワイン…大さじ1
水溶きコーンスターチ（なければ片栗粉）
　…コーンスターチ大さじ½＋水大さじ1

作り方
❶サーモンは2等分に切り、軽く塩（分量外）をふり、耐熱皿にのせる。白ワインをふりかけ、ふんわりラップをかけ、電子レンジで1分30秒加熱する。
❷鍋にたっぷり野菜のコンソメスープ、生クリーム、塩を入れて中火にかけて温め、❶のサーモンを加えて、水溶きコーンスターチでとろみをつける。

Arrange_02

スープ ＋ カレールウ

野菜カレー

カレールウをプラスすれば、簡単野菜カレーに。
ベーコンの旨味がきいてるから、あっさりおいしい。

材料（1人分）
たっぷり野菜のコンソメスープ
　…1人分
カレールウ…1個（1人分）
温かいごはん…1人分

作り方
❶鍋にたっぷり野菜のコンソメスープを入れて中火で温め、火を止めてカレールウを加えて溶かす。再び弱火で加熱し、とろみをつける。
❷器にごはんを盛り、カレーをかける。

+αで **Arrange!!**

Arrange_03

スープ ＋ ショートパスタ

スープパスタ

野菜スープにゆでたパスタを加えて煮込むだけで、
スープパスタの完成！

材料（1人分）
たっぷり野菜のコンソメスープ
　…1人分
ショートパスタ…50g
顆粒コンソメスープの素…小さじ1/4

作り方
❶ ショートパスタは塩を加えたたっぷりの熱湯で、袋の表示通りにゆでる。
❷ 鍋にたっぷり野菜のコンソメスープを入れ、コンソメスープの素を加えて温め、ゆでたショートパスタを入れる。

Memo

ゆでたパスタを加えるときは

コンソメスープにゆでたパスタを加えるときは、味が薄まりやすいので、コンソメスープの素を少量足して味をプラス。また、トマトスープやクリームスープにしたものに、ゆでたパスタをプラスするのも美味。

+αで Arrange!!

Arrange_04

スープ + トマト缶

さっぱりトマトスープ

トマト缶とケチャップで味に変化をつけて、さらにおいしく！

材料（1人分）
たっぷり野菜のコンソメスープ
　…1/2人分
ホールトマト缶…1/4缶（100g）
ドライハーブ（タイム）…少々
トマトケチャップ…大さじ1
塩…小さじ1/4弱
こしょう…少々

作り方
鍋にたっぷり野菜のコンソメスープを入れ、トマト缶、ドライハーブ、トマトケチャップを加えて3分ほど中火で煮、塩、こしょうで味をととのえる。

Arrange_05

スープ + 鶏肉

エスニックチキンスープ

こんがり焼いた鶏肉とナンプラーで
エスニックスープの完成！

材料（1人分）
たっぷり野菜のコンソメスープ…1人分
鶏もも肉（小）…1/2枚（100g）
ナンプラー…大さじ1/2
香菜…適量
塩…小さじ1/4
こしょう…少々

作り方
❶鶏肉はひと口大に切り、塩、こしょうをふって下味をつける。香菜は葉を摘み茎はみじん切りにする。
❷フッ素樹脂加工のフライパンを中火で熱し、❶を皮目からこんがり焼き、両面焼いたら、ナンプラーを回しかけ火を止める。
❸たっぷり野菜のコンソメスープを温め、香菜の茎と❷を加える。器に盛り、香菜の葉をトッピングする。

Part 2 野菜ゴロゴロ食べるスープ

野菜たっぷりスープ_02

クラムチャウダー

Stock!
冷蔵保存
3日間

あさりとたっぷり野菜をコトコト煮込み、牛乳でまとめるクラムチャウダーは、多めに作っておきたいスープのひとつ。カリフラワーがいい味出してます。クリームコロッケにアレンジすれば、夕ごはんの一品に。

材料（4人分）

あさり（缶詰）…大1缶（固形量105g）
玉ねぎ…1/2個
セロリ…1/2本
じゃがいも（中）…1個
カリフラワー…1/2株
キャベツ…1/8個
ベーコン（厚切り）…50g
白ワイン…大さじ2
顆粒コンソメスープの素…大さじ1
牛乳…800ml
塩…小さじ1/2
こしょう…少々
水溶きコーンスターチ
　…コーンスターチ大さじ1 1/2＋水大さじ3
バター…30g

作り方

❶ 野菜はすべて1.5cmの角切りにする。ベーコンは7mm幅に切る。
❷ 鍋にバターとベーコンを入れ弱火でじっくり炒めながら、ベーコンの脂を出すように炒める。
❸ セロリ、玉ねぎを加えてさらに炒め合わせ、透き通ってきたら、じゃがいも、カリフラワー、キャベツの順に炒め、全体に油が回ったら、白ワインを加え、水分を飛ばすように炒める。
❹ 缶汁ごとのあさり、コンソメスープの素、半量の塩、ひたひたの水を加え(a)、具材に火が通るまで中火で10分ほど加熱する。
❺ 牛乳を加えて、残りの塩、こしょうで味をととのえ、水溶きコーンスターチでとろみをつける(b)。

Point!

a　あさりは水煮缶が便利。旨味たっぷりの缶汁も一緒に。

b　水溶きコーンスターチでとろみをつけたらひと煮立ちさせて。

Arrange Recipe

クリームポテトコロッケ

材料（俵形のコロッケ小6個分）

クラムチャウダー…200g
マッシュポテト（乾燥）…20g
生クリーム…大さじ2
薄力粉・溶き卵・パン粉
　…各適量

作り方

❶ 耐熱ボウルにクラムチャウダー、マッシュポテトを入れてよく混ぜ、ラップをして電子レンジで2分加熱し、生クリームを加えてさらによく混ぜる。
❷ ❶を冷まして6等分の俵形にし、薄力粉、溶き卵、パン粉の順に衣をつけ、170℃の揚げ油で全体を色よく揚げる。

Part 2 野菜ゴロゴロ食べるスープ

野菜たっぷりスープ_03

ミネストローネ

Stock!
冷蔵保存
3日間

イタリアの野菜スープの定番といえば、ミネストローネ。
なんといっても、数種類の野菜とベーコン、豆など、一皿で栄養バランス満点なのがうれしい。
パンを添えるだけで大満足の具だくさんスープです。

材料（4人分）
- ベーコン（厚切り）…50g
- A
  - 玉ねぎ…1/2個
  - セロリ…1/2本
  - にんじん（小）…1本
  - じゃがいも（中）…1個
  - キャベツ…1/8個
- トマト（中）…2個
- 白いんげん（水煮）…100g
- にんにく（みじん切り）…2かけ分
- ホールトマト缶…1缶
- 白ワイン…大さじ2
- 水…400ml
- 塩…小さじ1 1/2
- こしょう…少々
- オリーブオイル…大さじ1 1/2

作り方
❶ Aの野菜は全て1.5cmの角切りにする。トマトはざく切りにする。ベーコンは7mm幅に切る。
❷ 鍋にオリーブオイルとにんにく、ベーコンを入れ、ベーコンの脂を出すように炒める。
❸ セロリ、玉ねぎを加えてさらに炒め、透き通ってきたら、にんじん、じゃがいも、キャベツの順に炒める。全体に油が回ったら、白ワインを加え、水分を飛ばすように炒める。
❹ ❸にトマト缶、水けをきった白いんげんの水煮、塩の半量、分量の水を加え、具材に火が通るまで中火で20分加熱する。
❺ トマトを加え、5分ほど加熱し、残りの塩、こしょうで味をととのえる。

Point! 野菜をしっかり炒めて、トマト缶と一緒に豆を加えて。

ハトムギ
雑穀のひとつで、たんぱく質、ビタミンB₁、カルシウム、鉄分などが豊富。

Arrange Recipe

ハトムギの ミネストローネ

材料（1人分）
- ミネストローネ…1人分
- ゆでたハトムギ…大さじ2
- パセリ（みじん切り）…少々

作り方
鍋にミネストローネを入れて中火で温め、ゆでたハトムギを加える。器に盛り、パセリを散らす。

Memo

夜食にはハトムギをプラスして
ゆでたハトムギやアマランサス（ペルー原産の古代雑穀）を加えてプチプチを楽しみながら美肌力UP！

Part 2 野菜ゴロゴロ食べるスープ

野菜たっぷりのスープ_04

ガンボスープ

Stock!
冷蔵保存
3日間

ガンボスープとは、アメリカ南部の伝統的な家庭料理。ウインナーやたくさんの野菜を煮込み、スパイスをたくさん入れてオクラ（ガンボ）でとろみづけしたスープです。
一度食べたらやみつきになりますよ。

材料（4人分）

ウインナー（太めのタイプ）…3本
玉ねぎ…1/2個
セロリ…1/2本
パプリカ（赤・黄色）…各1/4個
にんにく…2かけ
オクラ…10本
トマト…2個
ホールトマト缶…1缶
ミックスビーンズ（ドライパック）…100g
白ワイン…1/2カップ
固形コンソメスープの素…1個
水…200ml
ローリエ…1枚
ココナッツミルク…50ml
カイエンペッパー…小さじ1/2～1
塩・こしょう…各適量
オリーブオイル…大さじ1

作り方

❶ 玉ねぎ、セロリ、パプリカは7mmの角切りにし、にんにくは粗みじん切り、ウインナーは7mm幅の輪切りにする。
❷ 鍋にオリーブオイルを中火で熱し、❶を炒め、全体に火が通ったら白ワイン、トマト缶、ミックスビーンズ、コンソメスープの素、分量の水、ローリエを入れる。
❸ 沸騰したら7mm幅の輪切りにしたオクラを加え(a)、さらに15分ほど煮込む。
❹ ココナッツミルク、カイエンペッパーを加え(b)、塩、こしょうで味をととのえ、角切りにしたトマトを入れてさっと煮る。
❺ 器に盛り、お好みでカイエンペッパーをふる。

Point!

オクラは色が変わりやすいので、他の野菜を煮込んだあとに加えて。

仕上げにカイエンペッパーをひとふり。辛さはお好みで調節しましょう。

Arrange Recipe

スパイシーハヤシライス

材料（1人分）

ガンボスープ…1人分
牛もも薄切り肉（焼き肉用）
　…5枚（80g）
デミグラスソース…50g
温かいごはん…茶碗1杯分
オリーブオイル…小さじ1

作り方

❶ 鍋にオリーブオイルを中火で熱し、牛肉を両面焼き、ガンボスープ、デミグラスソースを加えて3分ほど加熱する。
❷ 器にごはんを盛り、❶をかける。

Part 2 野菜ゴロゴロ食べるスープ

野菜たっぷりスープ_05

豆乳根菜スープ

Stock!
冷蔵保存 **3**日間

たまには根菜をたっぷり使った和風の豆乳スープもおすすめです。
だし汁にコンソメスープの素をプラスすると、ベーコンなどの洋風食材にもなじむ味わいに。
みそとすりごまが味のポイントです。

材料（4人分）

- れんこん…3cm
- ごぼう…1/2本
- にんじん…1本
- さつまいも…1/2本
- 里いも…3個
- 長ねぎ…1本
- ベーコン（厚切り）…80g
- だし汁…適量
- 顆粒コンソメスープの素…大さじ1/2
- 調整豆乳…600ml
- みそ…大さじ1
- すりごま…大さじ2
- 酒…大さじ2
- ごま油…大さじ1

作り方

❶ れんこん、ごぼう、にんじんは2cmぐらいの乱切り、さつまいも、里いもは2cmの角切り、長ねぎ、ベーコンは1cm幅に切る。れんこんは酢水につけ、ごぼう、さつまいもは水にさらしアク抜きをする。

❷ 鍋にごま油、ベーコンを入れて弱火にかけ、じっくりと炒めてベーコンの脂を出すように炒め、長ねぎを加えて炒める。透き通ってきたら、れんこん、ごぼう、にんじん、里いも、さつまいもの順に炒める。

❸ ❷に酒を加え、水分を飛ばすように炒め(a)、ひたひたのだし汁、コンソメスープの素を加え、野菜がやわらかくなるまで10分ほど煮る。

❹ 豆乳を加え(b)、みそを溶かし入れ弱火でコトコト煮て仕上げる。器に盛り、すりごまを散らす。

酒を加えたら、水分を飛ばすように炒めるのがコツ。

豆乳を加えたあとは、弱火でコトコト煮ること。

Arrange Recipe

お雑煮

材料（1人分）

- 豆乳根菜スープ…1人分
- 豚バラ薄切り肉…30g
- 切り餅…1個
- 万能ねぎ（小口切り）…少々

作り方

❶ 豚肉は3cm幅に切る。餅は半分に切る。

❷ 鍋を中火で熱し、豚肉を炒め、豆乳根菜スープを加えて温め、器に盛る。

❸ こんがりと焼いた餅を、❷にのせ、万能ねぎを散らす。

Part 2 野菜ゴロゴロ食べるスープ

野菜たっぷりスープ_06

野菜たっぷり担々スープ

担々麺を思い起こすような、練りごまとラー油がたっぷりのコク旨スープ。麺の代わりに野菜がたっぷりだから、ヘルシーです。

Stock!
冷蔵保存 **3日間**

材料（4人分）
- 豚ひき肉…150g
- 長ねぎ…1本
- セロリ…½本
- 大根…3cm
- れんこん…3cm
- にんにく…2かけ
- 鶏がらスープの素…大さじ½
- 調整豆乳…600ml
- ごま油…大さじ1
- A
  - ザーサイ（みじん切り）…10g
  - 酢…小さじ2
  - しょうゆ…大さじ3
  - 白練りごま…大さじ3
  - 白すりごま…大さじ2
  - ラー油…大さじ2
- 万能ねぎ（小口切り）…4本分

作り方
❶ Aの材料をよく混ぜて辛みごまダレを作っておく。
❷ 野菜はすべて5mm角くらいの粗みじん切りにする。鍋にごま油とにんにく、長ねぎを入れ、じっくり香りが出るまで炒める。その他の野菜、ひき肉も加え、しっかり火が通るまで炒める。
❸ 鶏がらスープの素、ひたひたの水を加え、ひと煮立ちしたら豆乳を加える。
❹ ❸に❶を加えてしっかり混ぜてひと煮し、万能ねぎを散らす。

Point!
あらかじめ、ボウルに辛みごまダレの材料を合わせてよく混ぜておきます。

野菜たっぷりスープ_07

玄米
プチコロスープ

あっさりとだしがきいた和風スープ。
玄米とたくさんの野菜が入っているから、
この一皿で栄養満点。
食欲のないときにもおすすめです。

Stock!
冷蔵保存
3日間

材料（4人分）
セロリ…1/2本
長ねぎ…1本
かぶ…2個
かぶの茎…2株分
なす…1本
れんこん…3cm
白菜…2枚
だし汁…1000ml
鶏がらスープの素…大さじ1
玄米ごはん…200g
酒…大さじ2
塩…小さじ1/4
A ┃ ちりめんじゃこ…30g
　┃ しょうが（みじん切り）…2かけ分
　┃ ごま油…大さじ1
三つ葉…少々

作り方
❶ なすは皮をむいて7mmの角切りに、その他の野菜もすべて7mmの角切りにし、れんこんは酢水にさらしアク抜きをする。
❷ 鍋にだし汁、鶏がらスープの素、酒を沸かし、❶の野菜を入れて中火で7分ほど加熱する。塩で味をととのえ、玄米ごはんを加えてひと煮立ちさせる。
❸ 小鍋にAを入れて中火で熱し、アツアツのところを❷のスープに加える。器に盛り、三つ葉をのせる。

Point!
Aはアツアツに加熱して、スープの仕上げにジュッと加えて。

Part 2 野菜ゴロゴロ食べるスープ

Column

スープの保存のこと

たっぷりのスープを作ったら、上手に保存をして食べ切りたいもの。
一番おすすめなのは、電子レンジ加熱できる耐熱ガラス製の保存容器、スタックに入れて保存すること。
食べるたびに電子レンジで加熱することで、殺菌効果も期待することができるので、1週間ほどの保存も可能に。
また、ポタージュの素の野菜のピュレや、グラタンスープの素の炒め野菜は、
ファスナーつき保存袋に入れて冷凍保存がおすすめです。
冷凍保存したものは1カ月ほど保存できます。

具だくさんのスープは、ガラスのスタックに。

野菜のピュレや炒め野菜は、ファスナーつき保存袋に。

保存方法

スープはガラスのスタックやファスナーつき保存袋に入れて、必ず完全に冷ましてから保存しましょう。
熱いまま蓋をして保存すると、水分が残り、傷みやすくなるので注意して。

Part 3
21時からの体にやさしいスープ

仕事が忙しくて残業続きの毎日。
そんなときこそ、スープを作って食べましょう。
21時から食べるスープは、
野菜たっぷり×低カロリー食材でヘルシーに。

消化にいい＆
低カロリー食材で作る
21時からの満足スープ

残業をして疲れて帰ってきた夜にぴったりな、
体と心を癒してくれるスープ。
やさしい味のスープを食べるだけで、疲れもほぐれ、元気が出てきます。
21時以降に食べても安心な食材や低カロリー麺、味カエ調味料も紹介します。

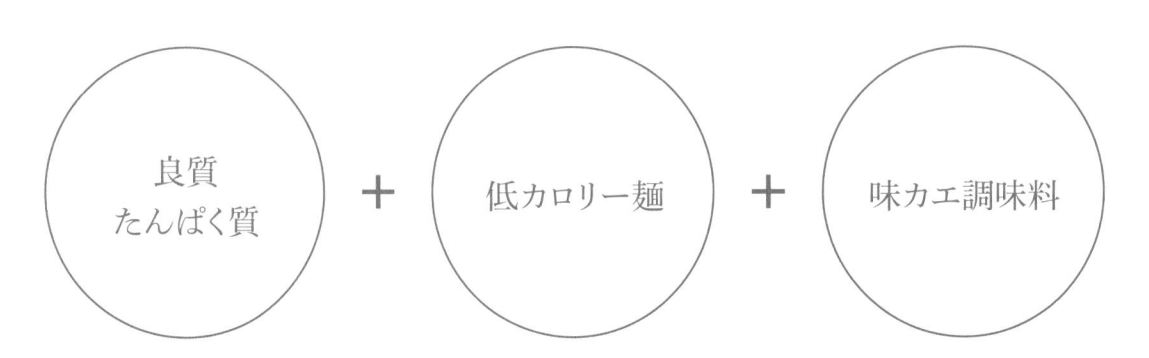

良質たんぱく質 ＋ **低カロリー麺** ＋ **味カエ調味料**

夜遅いからといって、たんぱく質を摂らないのはNG。ただし、21時以降はなるべく消化のよい鶏ささ身、卵、豆腐などを選んで。

夜遅くに麺を食べるのは罪悪感が残るけど、低カロリー麺なら安心。カロリーの低いこんにゃく、豆腐を使った麺でおなかを満たしましょう。

あっさりとやさしい味のスープは、もの足りなくて飽きてしまうことも。そんなときは、食べるラー油などの味カエ調味料で味に変化をつけてみて。

Part 3　21時からの体にやさしいスープ　55

21時からでも安心！
スープにプラスしたい
おすすめ食材

21時以降に食べるときは、
胃に負担をかけない消化のよい食材を選ぶのがベスト。
スープにプラスしても安心、
おすすめの食材＆調味料を紹介します。

POINT 1

消化のよい
良質たんぱく質

消化の悪い食べ物は胃に負担をかけます。
あとは寝るだけの時間帯なら、胃にやさしいたんぱく質を取り入れましょう。
豆腐や卵、鶏ささ身などは、積極的に取り入れてOK。
魚肉ソーセージも消化がよく、旨味もあるのでおすすめです。

豆腐
大豆が原料の良質たんぱく源の豆腐。木綿豆腐と絹ごし豆腐、おぼろ豆腐など種類も豊富。

卵
卵はビタミンC以外のすべての栄養素を含む完全栄養食品。消化がいい上、味もまろやかに。

鶏ささ身
一番消化のよい肉です。鶏ささ身ハム（P29）にしてから、スープに加えるのがおすすめ。

魚肉ソーセージ
消化、吸収がよく、21時以降に食べるおつまみとしてもおすすめ。薄くスライスしてスープに。

POINT 2

おなかが満たされる
低カロリー麺

仕事で遅くなった夜は特におなかがすくもの。
ついラーメンを食べたくなるけれど、カロリーと油っこさが気になります。
中華麺の代わりに緑豆春雨やでんぷん春雨、豆腐麺やこんにゃく麺など
低カロリー麺なら安心です。ほどよい満腹感を味わえます。

春雨
食べ応えがあり、満足感が得られる緑豆春雨は、ラーメンの代わりにぴったり。春雨10gで35kcal。

でんぷん春雨
じゃがいもでんぷんを主原料にコーンスターチを配合した麺タイプ。緑豆春雨と同様のカロリー。

豆腐麺
150gで約70kcalと低カロリーの上、低糖質。糖質オフも可能にできる豆腐麺。食感ものどごしも◎。

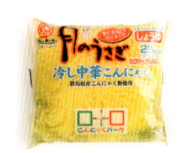

こんにゃく麺
ラーメンに近い食感のこんにゃく麺。噛み応えがあり、170gあたり約20kcalと低カロリーで安心。

POINT 3

プラスワンで満足！
味カエ調味料

あっさり、やさしい味のスープは、味がマンネリになりやすいもの。
にんにくオイルやしょうがオイル、食べるラー油などを加えるだけで、
グンと風味も味にも変化がつきます。
オイルはまとめて作っておくと、スープだけでなく、あえ物にも使えます。

にんにくオイル
にんにくのみじん切りをごま油と合わせ、弱火でじっくり香りを出す。保存瓶に入れて保存。

しょうがオイル
しょうがのみじん切りを菜種油と合わせ、弱火でじっくり香りを出す。保存瓶に入れて保存。

食べるラー油
市販の食べるラー油はひとつ常備しておくと便利。スープや冷や奴などにトッピングして。

21時からの満足スープ

21時からの満足スープ_01

山いもとしょうがのスープ

残業を終えて帰ってきた夜は、
山いものすりおろしとしょうががきいたスープで疲れを癒しましょう。
長ねぎと三つ葉の香味野菜で疲労回復！

材料（2人分）
山いも…5cm
長ねぎ…1/3本
しょうが…1かけ
豆腐そうめん…1パック（150g）
三つ葉…1株
だし汁…500ml
酒…大さじ1
鶏がらスープの素…小さじ1
塩…小さじ1/4
ごま油…小さじ1

作り方
❶長ねぎはごく薄く切り、しょうがはみじん切りにする。
❷鍋にだし汁、酒、鶏がらスープの素を入れて中火で熱し、沸騰したら❶を加えて、塩で味をととのえる(a)。
❸❷に豆腐そうめん、すりおろした山いもを加え温める(b)。器に盛り、ざく切りにした三つ葉を散らし、ごま油を回しかける。

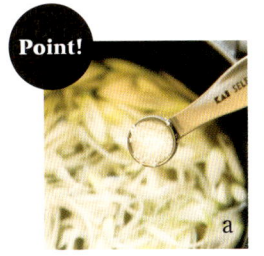

Point!

a 長ねぎとしょうがをスープで煮たら、塩で味をととのえて。

b 山いもは鍋の上で直接すりおろすと簡単。洗い物も減らせます。

効能 Memo

疲れた体を元気にしてくれる山いもスープ

山いもは長いも、大和いもを含む総称。ビタミンB_1が豊富に含まれ、ネバネバ成分ムチンも含まれます。これらの栄養成分は疲労回復に効果的。豆腐そうめんは低カロリーの上、消化もよく、胃に負担をかけないので、翌朝の胃もたれもなく、すっきり過ごせます。

21時からの満足スープ_02

ほうれん草と長ねぎのスープ

ほうれん草をメインにしたスープに、
ゆでたハトムギをプラスして、水溶き片栗粉でとろみをつけたトロトロスープ。
鶏ささ身ハムが味のポイント。

材料（2人分）
ほうれん草…2株
長ねぎ…1/4本
セロリ…1/6本
鶏ささ身ハム（P29参照）…1本
顆粒コンソメスープの素…大さじ1
水…500ml
にんにく（みじん切り）…1かけ分
ゆでたハトムギ…100g
水溶き片栗粉…片栗粉大さじ1+水大さじ2
白すりごま…大さじ1

作り方
❶ ほうれん草は熱湯でゆでて冷水にとって水けを絞り、みじん切りにする。長ねぎ、セロリは薄くスライスする。鶏ささ身ハムは裂いておく。
❷ 鍋にコンソメスープの素、分量の水、にんにくを入れ、沸騰したら❶とハトムギを加え、(a)中火で煮る。長ねぎとセロリがしんなりしたら、水溶き片栗粉でとろみをつける(b)。器に盛り、白すりごまをふる。

Point!

a ハトムギはスープが沸騰したら、野菜と一緒に加えて。

b 水溶き片栗粉を加えたら、弱火にして混ぜながら加熱を。

効能 Memo

美肌効果、むくみ解消のハトムギをスープに

ハトムギは美肌効果やむくみ予防が期待できます。ほうれん草にはβ-カロテン、ビタミンC、鉄分が豊富で、貧血予防にも効果的。にんにくのビタミンB群やセロリの鎮静効果で疲れた体もリラックスできます。

Part 3　21時からの体にやさしいスープ

21時からの満足スープ_03

めかぶとオクラのスープ

トロトロ、ネバネバがおいしいヘルシースープ。
普段、海藻類をあまり食べない人にもおすすめ。
麺は低カロリーのわかめ麺なので、ダイエット中の人にもおすすめです。

材料（2人分）
めかぶ…1パック
オクラ…4本
長ねぎ…1/3本
しょうが（せん切り）…1/2かけ分
ツナ缶（水煮）…1缶（80g）
わかめ麺…1人分
水…500ml
鶏がらスープの素…小さじ1
酒…大さじ1
ナンプラー…大さじ1

作り方
❶オクラはガクを取って板ずりをし、薄めの輪切りにする。長ねぎは斜め薄切りにする。
❷鍋に分量の水、鶏がらスープの素、酒、しょうが、缶汁ごとのツナを入れて中火にかけ、沸騰させる(a)。
❸❷に❶、めかぶ、わかめ麺を加えて沸騰直前まで温め(b)、ナンプラーで味をととのえる。

Point!

a ツナの水煮缶は缶汁もおいしいので、残さず加えて。

b めかぶとわかめ麺は最後に加えて、沸騰させないのがコツ。

わかめ麺
食物繊維とミネラルが豊富なわかめを練り込んだ低カロリー麺。カロリーは100gあたり3〜7kcalのものが多い。

効能 Memo

ネバネバめかぶとオクラでおなかスッキリ効果も

めかぶの成分、フコイダンは血糖値上昇抑制効果や、整腸作用、ダイエット効果など様々な効果が期待されています。オクラのムチンも同様の効果があるので、便秘解消、おなかもスッキリして健康と美容に効果的です。

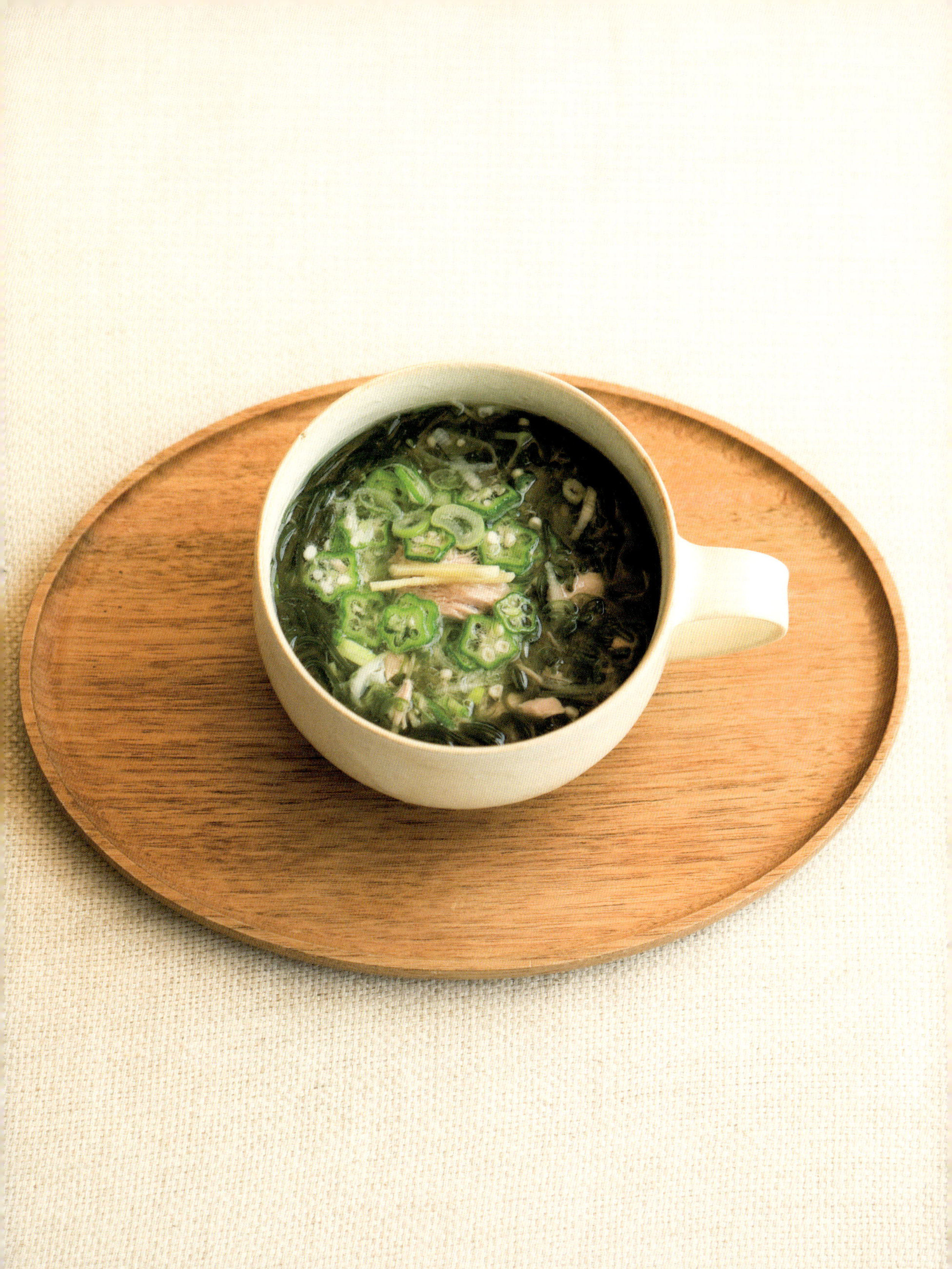

21時からの満足スープ_04

あさりとキャベツと きのこのスープ

会社やつきあいで胃が疲れたときにおすすめのスープ。口あたりのいいマロニーをスープに入れましょう。
旨味たっぷりのあさりとシャキシャキのキャベツがヘルシー。
ナンプラーをたらしてエスニック風に。

材料（2人分）
あさり（缶詰）…小1缶（固形量50g）
キャベツ…4枚
しめじ…½パック（70g）
香菜の茎…適量
だし汁…500ml
でんぷん春雨…30g
酒…大さじ1
ナンプラー…大さじ1

作り方
❶キャベツは繊維を断ち切るように、細いせん切りにし（a）、しめじは石づきを切り落とし、大きめに房を分ける。香菜の茎は細かく刻んでおく。
❷鍋にだし汁、缶汁ごとのあさりの缶詰、酒、でんぷん春雨、❶の野菜を入れて中火で加熱し、野菜に火が通ったら、ナンプラーで味をととのえる（b）。

Point!

a　キャベツは繊維を断ち切るようにせん切りにするのがコツ。

b　ナンプラーは仕上げに加えて、香りと風味を生かします。

こんにゃく米
食物繊維たっぷりのこんにゃくを米状に加工したこんにゃく米。食感がお米に近いから、満足度も高いのでおすすめです。

効能 Memo
胃にやさしく、貧血予防にピッタリなスープ

キャベツはビタミンCが豊富で胃もたれなどを改善する効果があるので、ランチで食べすぎたときにもおすすめです。また、あさりは鉄分補給に効果的。キャベツのビタミンCと一緒に摂取すると鉄分の吸収率が上がるので、貧血予防にも効果が期待できます。

Part 3　21時からの体にやさしいスープ

21時からの満足スープ_05

コングクス風スープ

冷たい豆乳スープに麺を入れた韓国料理「コングクス」。
これをアレンジして、こんにゃく麺が入った温かい豆乳スープに、キムチをのせました。
ちょっと味に変化がほしいときにおすすめのスープです。

材料（2人分）

白菜キムチ…120g
にんじん…1/2本
大根…2cm
長ねぎ…1/2本
もやし…1/2袋
こんにゃく麺…2パック（170g）
調整豆乳…300ml
ダシダ…小さじ2
黒ごま油…小さじ1

作り方

❶にんじん、大根は長さをもやしと合わせ、スライサーでせん切りにする。長ねぎは斜め薄切りにする。
❷鍋に❶の野菜、もやしを入れ、ひたひたの水、ダシダを加えて（a）中火で加熱し、野菜がしんなりしたら、豆乳、こんにゃく麺を加え（b）、弱火にしてさっと煮る。
❸器に盛りつけ、白菜キムチをのせ黒ごま油をたらす。

Point!

a ダシダは韓国のだしの素。なければビーフコンソメで代用しましょう。

b 豆乳を加えたら、火力を弱火に調整して煮ます。

黒ごま油

黒ごまを煎って搾油したもの。力強いコクと香りが特長。なければ、普通のごま油でもOKです。

効能 Memo

豆乳のイソフラボンとキムチのカプサイシンで美肌効果

豆乳はイソフラボンを摂取でき、美肌に効果的な食材。たっぷり野菜とスープにして食べれば、肌にいいこと間違いなし！キムチの唐辛子に含まれるカプサイシンは代謝を上げるので、ダイエット効果も期待できます。

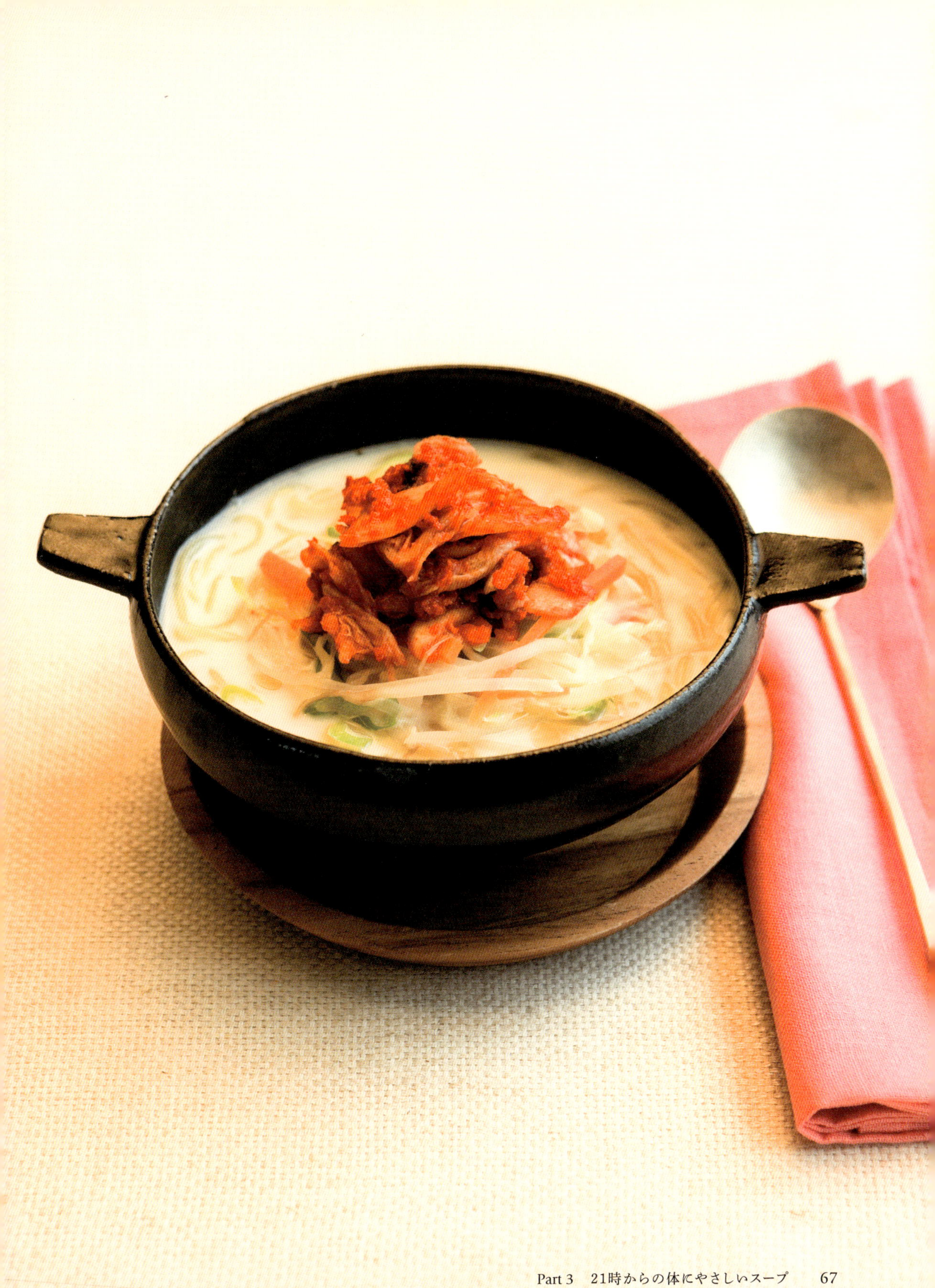

21時からの満足スープ_06

モロヘイヤと
セロリのスープ

トロトロ野菜と、とろろ昆布のネバネバスープ。
西京みそとゆずこしょうで和風なおいしさです。
こんにゃく米を入れているから、
適度な満腹感も味わえます。

材料（2人分）
モロヘイヤ…½袋（50g）
セロリ…½本
とろろ昆布…5g
こんにゃく米…1袋（75g）
だし汁…500ml
西京みそ…大さじ1
塩…小さじ¼
ゆずこしょう…小さじ½

作り方
❶モロヘイヤは熱湯でゆでてみじん切りにし、セロリは筋を取り除いてみじん切りにする。
❷鍋にだし汁、セロリ、こんにゃく米を加えて中火にかけ、こんにゃく米がやわらかくなるまで煮る。モロヘイヤ、とろろ昆布、西京みそを加え、塩で味をととのえる。
❸器に盛り、ゆずこしょうを添える。

効能 Memo

胃腸などの調子をととのえ、免疫力を高めるスープ

モロヘイヤは野菜の王様と呼ばれるほど、β-カロテン、ビタミンB₂、カルシウムの含有量はトップクラス。免疫力を高め、胃腸や肝機能を高めます。

21時からの満足スープ_07

トマトと卵の かき玉スープ

あっさりした中にも、
トマトの酸味がおいしいスープです。
長ねぎ、食べるラー油が味のアクセントに。
消化のよい卵で良質たんぱく質を補いましょう。

材料（2人分）
トマト（小）…2個
長ねぎ…1/3本
卵…1個
春雨…10g
水…400ml
鶏がらスープの素…小さじ1
酒…大さじ1
食べるラー油…小さじ2

作り方
❶トマトは大きめのざく切り、長ねぎは斜め薄切りにする。
❷鍋に分量の水、鶏がらスープの素、酒を入れて中火で熱し、沸騰したら、春雨、❶を加えて1分ほど煮る。卵を溶きほぐし、スープに回し入れてさっと混ぜて火を止める。
❸器に盛り、食べるラー油をトッピングする。

効能 Memo

トマトの抗酸化作用でストレスから体を守る！

トマトには、抗酸化作用が特に強いリコピンが含まれています。卵でとじることで栄養を満たしながら、ストレスによって増えた活性酸素を除去します。

Part 3　21時からの体にやさしいスープ

満足感たっぷり！お団子スープ

野菜のスープもいいけれど、何となくもの足りない…
と感じている人におすすめなのが、肉や魚介類で作るお団子入りスープ。
まとめて作ってストックしておけば、
ボリューム感のあるスープが簡単にできます。

STEP 1　お団子を数種類作ってSTOCK！

肉や魚介類と調味料を一緒にブレンダーでミンチにし、丸めてファスナーつき保存袋に入れて冷凍庫へ。数種類のお団子があると便利。

▼

STEP 2　野菜を用意する

お団子以外の材料を用意します。数種類の野菜を切ってスタンバイするだけ。冷凍したお団子は、自然解凍をして形をととのえて。

▼

STEP 3　スープにお団子を入れるだけ！

鍋にスープを入れて熱し、沸騰したら野菜を入れて火を通します。野菜がやわらかくなりはじめた段階で、お団子を入れるのがコツ。

お団子いろいろ

Ⓐ 豚団子
玉ねぎとセロリが入った豚団子は洋風のシチューやコンソメスープに（作り方→P72）

Ⓑ 鶏団子
長ねぎといりごまが入った鶏団子は鍋料理や和風、中華風スープに（作り方→P73）

Ⓒ 合いびき団子
ハンバーグだねを丸めた合いびき団子は、デミグラスープにぴったり（作り方→P74）

Ⓓ えび団子
プリプリえびと山いも、長ねぎ、香菜が入ったえび団子は、あっさり中華スープに（作り方→P75）

Ⓔ あじ団子
青じそ、しょうが、長ねぎが入ったあじ団子はすましスープに（作り方→P76）

Ⓕ たら団子
山いもと長ねぎ、しょうがが入ったたら団子は和風のスープに（作り方→P77）

満足感たっぷり！お団子スープ

お団子スープ_01
豚団子の和風シチュー

ホワイトソースにみそを隠し味に加えた、コク旨和風シチュー。大きめ野菜をゴロゴロ煮込んだら、豚団子を加えて火を通すだけ。ごはんにもよく合う味わいです。

材料（4人分）
豚こま切れ肉…200g
玉ねぎ…1/8個
セロリ…1/4本
A｜片栗粉…大さじ2
　｜酒…大さじ1
　｜塩…小さじ1/4
にんじん（ひと口大）…小1本分
玉ねぎ（ひと口大）…1/2個分
じゃがいも（ひと口大）…2個分
ブロッコリー（小房）…1/3株分
だし汁…800ml
ホワイトソース（市販品）…200g
みそ…大さじ1

作り方
❶ 豚肉はキッチンばさみで2cm幅に切る。玉ねぎ、セロリはぶつ切りにする。
❷ ボウルに❶とAを入れ、ブレンダーで撹拌してミンチ状にし、ひと口大のお団子を作る。
❸ 鍋ににんじん、玉ねぎ、じゃがいも、だし汁を入れ、中火にかけて7分ほど煮る。野菜がやわらかくなりはじめたら、❷のお団子を入れ、3分ほど加熱する。
❹ 全体に火が通ったら、ホワイトソース、みそを溶き入れ、ゆでたブロッコリーを加え、ひと混ぜする。

Memo
根菜類は先に火を通して

じゃがいも、にんじんなどの火の通りにくい野菜を先にじっくり煮込み、やわらかくなりはじめたら、肉団子を入れるのがコツ。ブロッコリーのように色が変わりやすい野菜はゆでておき、最後に加えます。

お団子スープ_02
鶏団子と高菜のスープ

高菜の旨味と酸味がきいた大人のスープ。
あっさりとした鶏団子が
食べ応えもあるのにヘルシー。
もやしや長ねぎは火を通し過ぎない方がおいしい。

材料（4人分）
鶏もも肉…250g
A
- 長ねぎ…1/4本
- 片栗粉…大さじ2
- 白いりごま…大さじ1
- 酒…大さじ1
- 塩…小さじ1/4
- しょうが…1かけ

もやし…1/2袋
長ねぎ（薄めのスライス）…1/2本分
水…800ml
酒…大さじ1
鶏がらスープの素…小さじ2
刻み高菜漬け…大さじ4
白いりごま…大さじ1

作り方
❶鶏肉は皮を取り除き、余分な脂を取り、キッチンばさみで2cm角に切る。
❷ボウルに❶とAを入れ、ブレンダーで撹拌してミンチ状にし、ひと口大のお団子を作る。
❸鍋に分量の水、酒、鶏がらスープの素を入れて中火にかけ、沸騰したらもやし、斜め薄切りにした長ねぎ、❷のお団子を入れ、3分ほど加熱して火を通す。
❹器に盛り、高菜をトッピングし、白いりごまをかける。

Memo
調理道具をうまく使って団子作り

1枚の鶏肉を切るなら断然キッチンばさみが切りやすいのでおすすめ。また、ブレンダーがあれば、鶏ひき肉を使わずにあっという間に手作り肉団子の完成です。鶏肉の皮をはぐことを忘れずに。

お団子スープ_03
合いびき団子の
デミグラスープ

煮込みハンバーグのような感覚の、
デミグラスソースで煮込んだスープ。
シチューよりはサラッとした仕上がりです。
ゴロゴロにんじんと玉ねぎ、セロリも一緒に召し上がれ。

材料（4人分）
豚こま切れ肉…100g
牛こま切れ肉…100g
A
- 玉ねぎ…1/4個
- パン粉…1/2カップ
- ナツメグ…少々
- 卵…1個
- 塩…小さじ1/4

にんじん…1本
玉ねぎ…1個
セロリ…1/3本
水…700ml
コンソメスープの素…大さじ1
デミグラスソース…200g
塩…小さじ1/2
こしょう…少々
オリーブオイル…小さじ1

作り方
❶ 豚肉と牛肉はキッチンばさみで2cm幅に切る。
❷ ボウルに❶とAを入れ、ブレンダーで撹拌してミンチ状にし、ひと口大のお団子を作る。
❸ にんじんは7mm幅の輪切りにし面取りする。玉ねぎは1cm幅のくし形切り、セロリは薄くスライスする。
❹ 鍋にオリーブオイルを熱し、❷の肉団子を両面こんがり焼いて一旦取り出し、❸を炒める。肉団子を戻し、分量の水とコンソメスープの素を加え、中火で5分ほど加熱し、具材に火を通す。
❺ デミグラスソースを加えて10分ほど煮てとろみがついたら、塩、こしょうで味をととのえる。

Memo

**合いびき団子は
両面をしっかり焼く**

合いびき団子はハンバーグのたねと基本は同じ。ミニハンバーグとして、こんがりと両面を焼いてからスープで煮込むと、旨味が逃げず、ふわっとやわらかい口あたりに。まとめて焼けばお弁当のおかずにも。

お団子スープ_04
えび団子と セロリのスープ

プリップリのえび団子は
エスニック風味のスープによく合います。
たくさんのせん切り香味野菜と一緒に
ナンプラー風味で仕上げましょう。お好みで香菜を添えて。

材料（4人分）
- むきえび…200ｇ
- A
  - 山いも…30ｇ
  - 片栗粉…大さじ2
  - 長ねぎ…⅙本
  - 香菜（茎）…5本分
  - しょうが…1かけ
  - ごま油…小さじ1
- もやし…½袋
- セロリ（薄いスライス）…1本分
- 長ねぎ（薄いスライス）…1本分
- 水…800ml
- 酒…大さじ1
- 鶏がらスープの素…小さじ2
- ナンプラー…大さじ1
- 香菜（茎と葉）…5本分

作り方
❶むきえびはキッチンばさみで2cmくらいに切る。
❷ボウルに❶とAを入れ、ブレンダーで撹拌してミンチ状にし、ひと口大のお団子を作る。
❸鍋に分量の水、酒、鶏がらスープの素、みじん切りにした香菜の茎を入れ中火にかけて沸騰させる。もやし、セロリ、長ねぎ、❷のお団子を入れ、3分ほど加熱し火を通す。
❹ナンプラーで味をととのえ、器に盛りつけ、香菜の葉をトッピングする。

Memo

**山いもは
すりおろさず
ブレンダーで撹拌**

山いもといえば、すりおろすイメージですが、ブレンダーを使えば、そのまま他の材料と一緒にミンチにできるので簡単。スープにナンプラーを入れるときは、仕上げに加えて。香り、旨味が存分に楽しめます。

お団子スープ_05
あじ団子のおすまし

あじのつみれ団子を食べるなら、
やっぱりすまし仕立ての汁物です。
三つ葉やみょうが、長ねぎをたっぷり加えて、
シャキシャキおいしい和風スープをどうぞ。

材料（4人分）
あじ…正味300g
A
- 青じそ…5枚
- 長ねぎ…1本
- しょうが…2かけ
- みそ…大さじ1
- 片栗粉…大さじ2

三つ葉（ざく切り）…1袋分
みょうが（薄いスライス）…2個分
長ねぎ（薄いスライス）…½本分
だし汁…700ml
酒…100ml
ゆずの皮…1/10個分

作り方
❶あじは3枚におろし、皮と小骨を取り除き、キッチンばさみで2cm幅に切る。
❷ボウルに❶とAを入れ、ブレンダーで撹拌してミンチ状にし、ひと口大のお団子を作る。
❸鍋にだし汁、酒を入れて中火にかけて沸騰させ、ゆずの皮と❷のお団子を入れ、3分ほど加熱して、具材に火を通す。仕上げに三つ葉、みょうが、長ねぎを入れ、さっと煮る。お好みでゆずの皮を散らす。

Memo

**あじの団子にも
スープにも
香味野菜を**

青じそ、長ねぎ、しょうが、みょうが、三つ葉…。これらの香味野菜を、あじのつみれにもスープの具にもたっぷりと。薬味好きにはたまらない組み合わせです。ゆずの皮を散らせば、さらに上品な味わいに。

お団子スープ_06
たら団子と塩麹のミルクスープ

あっさりとしていてホロリと崩れそうなたら団子。塩麹と牛乳が一段とたらの旨味を引き出します。ブロッコリーとかぶもたっぷり食べられるヘルシースープです。

材料（4人分）
- たら（切り身）…200g
- A
  - 山いも…30g
  - 片栗粉…大さじ2
  - 長ねぎ…1/6本
  - しょうが…1かけ
- かぶ（茎つき／縦に8等分）…2個分
- ブロッコリー(小房)…1/2株分
- 長ねぎ（ぶつ切り）…1本分
- だし汁…500ml
- 酒…大さじ2
- 牛乳…600ml
- 塩麹…大さじ2
- 水溶き片栗粉
  …片栗粉大さじ1+水大さじ2

作り方
❶たらは皮、骨を取り除き、キッチンばさみで2cm角に切る。
❷ボウルに❶とAを入れ、ブレンダーで撹拌してミンチ状にし、ひと口大のお団子を作る。
❸鍋にだし汁、酒を入れて中火にかけ、沸騰したら、❷のお団子、かぶ、ブロッコリー、長ねぎを加えて3分ほど煮て、具材に火を通す。
❹❸に牛乳、塩麹を加え、温めて味をととのえ、水溶き片栗粉でとろみをつける。

Memo
ミンチにするときは皮と骨を取るのが基本

たらなどの切り身魚は、皮と骨を丁寧に取り除いて。取れにくい骨は、骨抜きの道具を使って取るといいでしょう。塩麹はスープの仕上げに加えて旨味を調節します。水溶き片栗粉でとろみをつけるのがポイント。

Column

スープの味づくりのコツ

スープのベースの味にはちょっとしたこだわりがあります。
おいしい野菜を使っても、市販のブイヨンやコンソメの粉末を入れてしまうと、
かぼちゃのスープも、じゃがいものスープも同じ味になってしまいます。
私はなるべく野菜の味を生かして作りたいので、ブイヨンは長ねぎとセロリ、そしてバターと塩を上手に使います。
野菜もたっぷり摂れて、野菜本来の味を楽しめるのでおすすめです。
また、トマトは野菜の中でも旨味が強くおいしいだしが出ます。
こちらも、オリーブオイルや塩、ベーコンなどの旨味を足すだけですっきりとしたおいしいスープになります。
スープの素を使うなら、規定の量にとらわれず、できるだけ具材の持っている味やだしを
上手に引き出しながら、加えるようにするといいでしょう。

Part 4
グラタンスープ

オニオングラタンスープは、
じっくり甘味と旨味を引き出した
炒め野菜がおいしさのポイント。
スープにチーズをのせてオーブンで焼き上げます。
アツアツを召し上がれ。

じっくり炒めた野菜をSTOCKして作るスープ

オニオングラタンスープのおいしさの秘密は、
じっくりとあめ色になるまで炒めて作る「炒め玉ねぎ」にあります。
時間をかけて玉ねぎをあめ色になるまで炒めることで、
玉ねぎ本来のコクと甘味がグンと引き出され、
おいしいスープができるというワケです。
炒め野菜をその都度作るのは大変だから、
一度にたっぷり作って、冷凍保存がおすすめです。

炒め野菜 ＋ スープ / チーズ ▶▶ オーブン加熱！

Part 4 グラタンスープ

炒め野菜のグラタンスープ

炒め野菜のグラタンスープ_01

オニオングラタンスープ

炒め玉ねぎにコンソメスープを注いでひと煮立ちさせ、
トーストしたバゲットとチーズをのせてオーブンで焼いた西洋料理のスープ。
アツアツを召し上がれ。

材料（4人分）

*炒め玉ねぎ
　玉ねぎ…2個（600g）
　オリーブオイル…大さじ2
にんにく（みじん切り）…1かけ分
白ワイン…100ml
水…800ml
コンソメスープの素…大さじ2
塩・こしょう…各少々
バゲット…4枚
ピザ用チーズ…大さじ4
パセリ（みじん切り）…少々

じっくり炒めた玉ねぎは
まとめて作ってSTOCK！

作り方

下ごしらえ

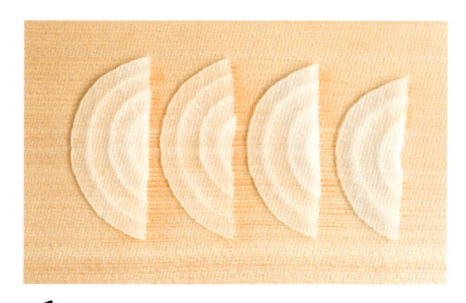

1 玉ねぎを切る

玉ねぎは繊維を断ち切るように薄くスライスする。

Memo

玉ねぎは繊維を断ち切るのがポイント

玉ねぎの繊維に直角になるように包丁をあて、薄切りにする（断ち切る）のがポイント。火を通すと水分が出やすくなり、炒め野菜には適した切り方。なるべく薄く切るのもポイントです。生で食べるとやわらかい食感を味わえます。

Part 4 グラタンスープ　83

調理する

2 玉ねぎをじっくり炒める

フライパンにオリーブオイルと1を入れ、弱めの中火でじっくりあめ色になるまで炒める。

炒め玉ねぎを Stock!
炒め玉ねぎは保存性が高いのが特徴。ファスナーつき保存袋に入れて空気を抜き、冷凍保存。

冷凍保存 **1カ月**

3 白ワインを加える

にんにくを加えてさらに炒め、白ワインを加えアルコール分を飛ばすように炒める。

4 スープに加えて煮る

鍋に分量の水、コンソメスープの素を入れてひと煮立ちさせ、3を加え、塩、こしょうで味をととのえる。

5 オーブンで焼く

耐熱の器に4を注ぎ、バゲット、ピザ用チーズをのせる。200℃に予熱したオーブンで5分ほどこんがりと焼き、パセリをふる。

Arrange Recipe

まじめな欧風カレー

炒め玉ねぎのストックがあれば、
簡単に本格的な欧風カレーを作れます。
市販のカレールウは使わずに、スパイスを組み合わせて作りましょう。

材料（4人分）
鶏もも肉…小2枚（400g）
塩・こしょう…各少々
プレーンヨーグルト…大さじ2
カレー粉…小さじ2
炒め玉ねぎ…玉ねぎ2個分
しょうが（みじん切り）…2かけ分
にんにく（みじん切り）…2かけ分
クミンシード…大さじ½
カレー粉…大さじ2
ホールトマト缶…½缶
コンソメスープの素…小さじ2
水…600ml
ガラムマサラ…少々
オリーブオイル…大さじ½
温かいごはん…4人分

作り方
❶鶏肉は4等分にし、塩、こしょうで下味をつけ、プレーンヨーグルトとカレー粉を絡めておく。
❷鍋にオリーブオイル、クミンシードを入れ、弱火で香りを出すように炒め、炒め玉ねぎ、しょうが、にんにくを加えて1分ほど炒める。
❸❷に❶を加え、肉の表面が白っぽくなるまで炒め、カレー粉を加える。トマト缶、コンソメスープの素、分量の水を加え、具材がやわらかくなるまで中火で15分ほど煮る。
❹ガラムマサラを加えて、塩、こしょうで味をととのえる。
❺器にごはんを盛り、❹をかけていただく。

炒め野菜のグラタンスープ_02

白菜グラタンスープ

水分の多い白菜はじっくり炒めることで旨味が凝縮し、コクのある仕上がりに。
ベーコンは白菜と相性がいいから、旨味を引き出します。
炒め白菜はキッシュにもおいしくアレンジできます。

材料（4人分）

*炒め白菜
　白菜…¼株（600g）
　長ねぎ…1本（120g）
　バター…40g
　ベーコン（細切り）…4枚分（60g）
水…800ml
コンソメスープの素…大さじ1
こしょう…少々
ピザ用チーズ…大さじ4

作り方

❶白菜は繊維を断ち切るように細切りにする。長ねぎは斜め薄切りにする。
❷フライパンにバターを弱火で熱し、❶を10分ほどじっくり炒める。ベーコンを加えてさらに炒める。
❸❷に分量の水とコンソメスープの素を加えて温め、こしょうで味をととのえる。
❹耐熱の器に❸を注ぎ、ピザ用チーズを散らし、200℃に予熱したオーブンで5分ほど焼く。

炒め白菜を Stock!

水分をじっくり飛ばした炒め白菜は、完全に冷ましてからファスナーつき保存袋に入れ、空気を抜いて密閉し、冷凍庫へ。

冷凍保存 **1カ月**

Point!
ベーコンを加えるのは、白菜と長ねぎを弱火でじっくり炒めてから。

Arrange Recipe

炒め白菜と卵のキッシュ

材料（直径18cmのタルト型1台分）

炒め白菜…100g
卵…1個
生クリーム…50ml
牛乳…50ml
にんにく（すりおろし）
　…小さじ1
ピザ用チーズ…50g

作り方

❶ボウルに生クリーム、卵、牛乳、にんにくのすりおろしを入れてよく混ぜる。
❷タルト型に炒め白菜を敷き、ピザ用チーズを全体にのせて、❶をかけ、180℃に熱したオーブンで20分ほど焼く。

Part 4 グラタンスープ

炒め野菜のグラタンスープ_03

ミニトマトの グラタンスープ

ドライトマトをイメージして、フライパンで焼きミニトマトを作ります。
とにかく、弱火でじっくり水分を飛ばすように炒めましょう。ポイントはトマトを横3枚にスライスすること。
こうすることで水分が出やすくなり、濃厚な炒めトマトに仕上がります。

材料（4人分）
*焼きミニトマト
　　ミニトマト…30個（300g）
　　にんにく（薄切り）…3かけ分（20g）
　　オリーブオイル…大さじ1
モッツァレラチーズ（ミニ）…12個
ショートパスタ（フジッリなど）…100g
水…600ml
コンソメスープの素…大さじ½
塩…小さじ¼
こしょう…少々

作り方
❶ミニトマトはヘタを取り、横3枚にスライスする。
❷鍋にオリーブオイルを弱火で熱し、❶をじっくり焼き、水分が飛んできたら、にんにくの薄切りを加えて炒める。
❸❷に分量の水、コンソメスープの素、ショートパスタを加えて温め、塩、こしょうで味をととのえ、パスタがやわらかくなるまで中火で煮る。
❹耐熱の器に盛り、モッツァレラチーズをのせ、200℃に予熱したオーブンで5分ほど焼く。

焼きミニトマトを Stock!
ファスナーつき保存袋かストック容器に入れ、冷凍庫で保存して。

冷凍保存 **1カ月**

Point!
水分が飛んで、表面が乾いてくるぐらいが目安。その時点でにんにくをプラス。

Arrange Recipe

焼きミニトマトと アンチョビのパスタ

材料（1人分）
焼きミニトマト…30g
アンチョビ…1〜2枚
スパゲッティ…100g
唐辛子…½本
オリーブオイル…大さじ½

作り方
❶フライパンにオリーブオイル、焼きミニトマトを入れ、刻んだアンチョビ、唐辛子を加えて弱火にかけ、3分ほど炒める。
❷❶にゆでたスパゲッティ、ゆで汁（大さじ1〜2）を加えてさっとあえる。

Part 4 グラタンスープ

炒め野菜のグラタンスープ_04

かぶの
グラタンスープ

かぶを炒め野菜に？と思う人も多いかもしれませんが、
かぶ特有の甘味と香りが引き立っておいしいんです。
水分が多いので、とにかくじっくり水分が飛ぶまで炒めること。
ほっとするようなやさしい味わいです。

材料（4人分）
*炒めかぶ
　　かぶ…6個（500g）
　　バター…50g
ピザ用チーズ…大さじ4
パン粉…適量
水…600ml
コンソメスープの素…大さじ1
塩…小さじ1/4
こしょう…少々

作り方
❶かぶは皮をむいて繊維を断ち切るように薄い輪切りにする。
❷フライパンにバターを中火で溶かし、❶をじっくり10分ほど炒める。
❸❷に分量の水、コンソメスープの素を加えて温め、塩、こしょうで味をととのえる。
❹耐熱の器に❸を入れ、ピザ用チーズとパン粉をかけ、200℃に予熱したオーブンで10分焼く。

炒めかぶを Stock!
かぶは水分を飛ばすように炒めると、カサが減るので小さめのスタック容器を用意して冷凍庫へ。仕上げるときはパン粉を加えてコクをプラス。

冷凍保存
1カ月

炒め野菜のグラタンスープ_05

セロリとにんにくの
グラタンスープ

香り高いセロリを大量に刻んで、
じっくり水分を飛ばして炒めセロリを作りましょう。
セロリの香りがより強調され、
ほんのり感じる苦味も大人の味わいです。

材料（4人分）
*炒めセロリ
　　セロリ…2本（250g）
　　にんにく…4かけ（28g）
　　オリーブオイル…大さじ2
水…600ml
コンソメスープの素…大さじ1
ピザ用チーズ…大さじ4
バゲット…4枚

作り方
❶セロリは繊維を断ち切るように薄くスライスする。にんにくはみじん切りにする。
❷フライパンにオリーブオイル、にんにくを炒め、香りが出たらセロリを加えてしんなりするまで炒める。
❸❷に分量の水、コンソメスープの素を加えて温める。耐熱の器に入れ、バゲットを差し込み、ピザ用チーズをかける。
❹180℃に予熱したオーブンで7〜10分焼く。

炒めセロリを **Stock!**
セロリはじっくり炒めるとカサが減るので、小さめのスタック容器に入れて冷凍保存を。キッシュやパスタにもおいしくアレンジして。

冷凍保存
1カ月

Part 4 グラタンスープ

5分でできる！ スープジャーレシピ

スープジャーに刻んだ材料を入れて熱湯を注げば、保温効果で1時間後にはスープの完成！
お弁当の1品に、ぜひ加えてみて。

STEP 1 材料を用意する

まずは、スープの具を用意します。野菜は薄めに切るのがおいしく仕上げるポイント。豚肉などは湯通しをして余分な脂を落としましょう。

STEP 2 スープジャーに入れて熱湯を注ぐ

下ごしらえをした材料をすべてスープジャーに入れます。スープの素、調味料を入れて熱湯を注いだら、軽くかき混ぜることがポイント。

STEP 3 1時間放置する

蓋をキッチリ閉めたら、上下をひっくり返し、そのまま1時間ほど放置しておけばできあがり！保温性が高いので、時間をおいてもおいしく食べられます。

根菜たっぷりの具だくさんみそ汁
すりごま豚汁

材料（1人分）
豚バラ薄切り肉…30g
大根…2cm
にんじん…5cm
長ねぎ…5cm
ごぼう…5cm
油揚げ…¼枚
みそ…大さじ1
だし汁…250ml
白すりごま…大さじ½

作り方
❶大根、にんじんは薄いいちょう切り、長ねぎ、ごぼうは薄い斜め切りにし、ごぼうは水にさらしてアク抜きする。油揚げは7mm幅に切る。豚肉は食べやすい大きさに切り、湯通しする。
❷スープジャーに❶、みそ、沸騰させただし汁、すりごまを入れ、蓋をする。
❸上下をひっくり返して1時間そのまま放置し、蓋を開けて器に盛る。

食感がおいしい、朝食ピッタリスープ
きのことチンゲン菜のスープ

材料（1人分）
しめじ…1/5パック（20g）
エリンギ…1/4本
チンゲン菜…1/2株
ウインナー…1本
長ねぎ…1/6本
鶏がらスープの素…小さじ1 1/2
熱湯…250ml

作り方
❶しめじは石づきを切り落とし、細かくほぐす。エリンギは細切り、チンゲン菜はせん切り、ウインナーは5mm幅の輪切り、長ねぎは薄い斜め切りにする。
❷スープジャーに❶、鶏がらスープの素、熱湯を注いで蓋をする。
❸上下をひっくり返して1時間そのまま放置し、蓋を開けて器に盛る。

シャキシャキのせん切り野菜
大根とにんじんのツナスープ

材料（1人分）
大根…2cm
にんじん…1/6本
ツナ缶（水煮）…1缶（80g）
しょうが…1/2かけ
コンソメスープの素…小さじ1
こしょう…少々
熱湯…250ml

作り方
❶大根、にんじん、しょうがはせん切りにする。
❷スープジャーに❶とコンソメスープの素、こしょう、ツナを缶汁ごと入れ、熱湯を注いで蓋をする。
❸上下をひっくり返して1時間そのまま放置し、蓋を開けて器に盛る。

あさりの旨味とキムチの辛味で食欲アップ
キムチとあさりのスープ

材料（1人分）
白菜キムチ…大さじ2
あさり（缶詰）…1/2缶
長ねぎ（斜めスライス）…1/6本分
もやし…1/6袋
ダシダ（P31）…小さじ1
白いりごま…小さじ1/2
熱湯…250ml

作り方
❶スープジャーにもやし、長ねぎ、白菜キムチ、缶汁ごとのあさり、ダシダを入れ、熱湯を注いで蓋をする。
❷上下をひっくり返して1時間そのまま放置し、蓋を開けて器に盛り、白いりごまをふる。

パスタは早ゆでタイプを使うのがコツ
ミニトマトのパスタスープ

材料（1人分）
ミニトマト…3個
玉ねぎ…1/8個
A ┃ コンソメスープの素…小さじ1
　┃ にんにくチップ…3枚
　┃ ショートパスタ（早ゆで）…30g
　┃ バター…5g
熱湯…250ml

作り方
❶ミニトマトはヘタを取って横半分に切り、玉ねぎは薄くスライスする。
❷スープジャーに❶、Aを入れ、熱湯を注いで蓋をする。
❸上下をひっくり返して1時間そのまま放置し、蓋を開けて器に盛る。

とろとろのトックと根菜の韓国風スープ
韓国風トックスープ

材料（1人分）
大根…2cm
にんじん…1/6本
長ねぎ…1/6本
A ┃ トック（韓国のお餅）…5枚
　┃ ダシダ…小さじ1/2
　┃ ごま油…小さじ1/4
熱湯…250ml

作り方
❶大根、にんじんは薄い短冊切りにする。長ねぎは斜めに薄くスライスする。
❷スープジャーに❶、Aを入れ、熱湯を注いで蓋をする。
❸上下をひっくり返して1時間そのまま放置し、蓋を開けて器に盛る。

バターの風味がマイルドなトマト味
押し麦のトマトリゾット

材料（1人分）
ミニトマト…2個
マッシュルーム…1個
玉ねぎ…1/6個
トマトペースト…大さじ1/2
コンソメスープの素…小さじ1
押し麦（ゆでたもの）…大さじ1
バター…5g
熱湯…250ml

作り方
❶ミニトマトは横半分に切り、石づきを切り落としたマッシュルーム、玉ねぎは薄くスライスする。
❷スープジャーに❶、トマトペースト、コンソメスープの素、押し麦、バターを入れ、熱湯を注いで蓋をする。
❸上下をひっくり返して1時間そのまま放置し、蓋を開けて器に盛る。

タイ米は1時間おくだけで、簡単リゾットに！
トムヤムリゾット

材料（1人分）
えび…2尾
えのきだけ…1/4袋（40g）
長ねぎ…1/6本
タイ米…大さじ2
A｜トムヤムペースト…大さじ1/2
　｜香菜の茎（みじん切り）…2本分
　｜ナンプラー…大さじ1/2
熱湯…250ml

作り方
❶えびは殻と背ワタを取り除いてゆでる。えのきだけは食べやすい長さに切る。長ねぎは斜めに薄くスライスする。
❷スープジャーに❶、軽く洗ったタイ米、Aを入れ、熱湯を注いで蓋をする。
❸上下をひっくり返して1時間そのまま放置し、蓋を開けて器に盛る。

Column

旬の野菜たっぷりのスープは
それだけでごちそう

スープは旬の野菜をたっぷり煮込んで味わえる、贅沢な料理。
春はたけのこや山菜、アスパラガス、キャベツ、セロリなど、
夏はなす、かぼちゃ、トマト、オクラ、パプリカ、ズッキーニなど、
秋はじゃがいも、さつまいも、里いもやきのこ類、
冬は大根や白菜、小松菜、ほうれん草など。
旬を迎える野菜たちはどれもみずみずしく、味が濃いのが特徴です。
お客様が来るときは旬の野菜を使ったスープを作りましょう。
きっと、ごちそう感のあるおもてなしができると思いますよ。

Part 5
具だくさんの
ごちそうスープ

お客様がくるときや、記念日などに、
じっくり時間をかけて作りたいスープ。
野菜だけでなく、肉や魚介類も豪勢に入れて、
コトコト煮込んで、極上の一皿を召し上がれ。

じっくり、コトコト、煮込むスープ

大きなかたまり肉や魚介とゴロゴロ野菜を煮込んだごちそうスープ。
ビーフシチューやポトフ、ボルシチ、スープカレーなど、
メインディッシュになるような豪華な食材と野菜で煮込み料理を作りましょう。
具材を大きく切るのが、素材の旨味を引き出しておいしくなる最大の秘訣。
具材の旨味がたっぷりのスープを心ゆくまで召し上がれ。

じっくり、煮込んで！

Part 5 具だくさんのごちそうスープ

大きめ具材の
ごちそうスープ

大きめ具材のごちそうスープ_01

ビーフシチュー

牛すね肉を圧力鍋で赤ワインと一緒にやわらかく煮て、
コクのあるジューシーな仕上がりに。
ゆでたフィットチーネを添えれば、おもてなしにもぴったりなおしゃれな一皿に。

材料（4人分）

牛すね肉…600g
にんじん…1本
じゃがいも…2個
ペコロス…4個
デミグラスソース…1缶（290g）
赤ワイン…100ml
バター…20g
水…400ml
コンソメスープの素…小さじ2
ローリエ…1枚
塩・こしょう…各適量
フィットチーネ…200g（1人分50g）
クレソン…適量

作り方

下ごしらえ

1 野菜を切る

にんじんは4cm長さに切ってから縦4等分にし、面取りをする。

じゃがいもは大きめのひと口大に切り、面取りをする。

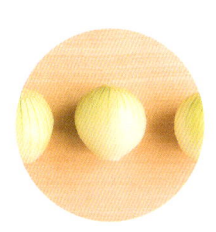

ペコロスは上下を切り落とし、皮をむく。

牛肉は大きさを揃えるようにひと口大に切る。

調理する

2 牛肉に下味をつける
牛肉は塩、こしょうをたっぷりすり込む。

3 赤ワインを加え圧力鍋で煮る
圧力鍋に2を入れ、赤ワインを注いで蓋をして強火にかけ、表示ピンが上がり、高圧に圧力がかかったら弱火にして7分加圧して火を止め自然放置する。

4 別鍋で野菜を炒める
別の鍋にバターを中火で熱し、にんじん、じゃがいも、ペコロスを炒める。

5 肉とスープを加えて煮る
3と分量の水、コンソメスープの素、ローリエを4に加え、アクを取りながら弱中火で30分ほど煮る。

6 デミグラスソースを溶く
デミグラスソースに5のスープを適量加えてよく溶いておく。こうすると、ダマになりにくい。

7 仕上げる
6のデミグラスソースを5に加え、塩、こしょうで味をととのえる。器に盛り、ゆでたフィットチーネとクレソンを添える。

Arrange Recipe

デミグラスソースのオムライス

ふわとろのオープンオムレツをごはんの上にのせて、
ビーフシチューのソースをたっぷりかけましょう。
それだけで、本格的な洋食屋さんの一品に。

材料（1人分）
卵…2個
生クリーム…大さじ2
塩…小さじ1/6
温かいごはん…1人分
ビーフシチューのソース…大さじ3
オリーブオイル…大さじ1
パセリ（みじん切り）…少々

作り方
❶ ボウルに卵、生クリーム、塩を入れてよく混ぜる。
❷ 器にごはんを盛っておく。
❸ フライパンにオリーブオイルを熱し、❶を流し入れ、菜箸で大きく混ぜながらフライパンをゆすって数回混ぜ、半熟状になったらそのまま滑らせるようにごはんにのせる。
❹ 温めたビーフシチューのソースをかけ、パセリをふる。

Part 5 具だくさんのごちそうスープ

大きめ具材のごちそうスープ_02

ポトフ

ポトフとは、豚肉と大きめ野菜を、コンソメスープで
コトコト煮込んだフランスの家庭料理のひとつ。ゴロゴロとした大きめ野菜がおいしさの秘訣。
粒マスタードを添えれば、野菜と肉の味を引き締めます。

材料（4人分）
- 豚肩ロースかたまり肉…600g
- じゃがいも…4個
- にんじん…2本
- 玉ねぎ…2個
- セロリ…1本
- 白ワイン…100ml
- 水…1000ml
- コンソメスープの素…大さじ2
- ブーケガルニ*…1個
- ローリエ…1枚
- 塩…少々
- 粗びき黒こしょう…少々
- 粒マスタード…適宜

*ブーケガルニ
タイム、パセリ、ローリエ、セロリなどの数種類の香草類を糸で束ねたもの。煮込み料理の風味づけに。

作り方

❶ 豚肉は4等分し、塩、こしょうをしっかりすり込む（a）。
❷ じゃがいもは皮をむいて丸のまま、にんじんは4等分にして面取りする。玉ねぎは半分に切り、セロリは4等分に切る。
❸ 圧力鍋に❶を入れ、白ワインを注いで蓋をして強火にかける。表示ピンが上がり、高圧に圧力がかかったら弱火にして5分加圧して火を止め、自然放置する。
❹ 別の鍋に❸を入れ、分量の水、コンソメスープの素、ローリエ、ブーケガルニ、じゃがいも、にんじんを加えて中火にかけ、沸騰したら、玉ねぎ、セロリを加え、塩小さじ1/4～1/2、こしょう少々で味をととのえ、野菜がやわらかくなるまで30分ほど煮る（b）。
❺ お好みで粒マスタードを添えていただく。

Point!

a 肉にはしっかり塩とこしょうで下味をつけて。

b 根菜を先に入れてから、玉ねぎとセロリを投入。

Memo

豚肉は白ワインと一緒に圧力鍋で調理を

圧力鍋があれば、白ワインと一緒に加圧することによって、豚肉の旨味を引き出し、やわらかジューシーな仕上がりに。圧力鍋がないときは、鍋で水分をチェックしながら、時間をかけて調理すればOK。

Part 5 具だくさんのごちそうスープ 107

大きめ具材のごちそうスープ_03

ボルシチ

ボルシチは、大きめの牛肉とビーツが特徴的なロシアの代表的な煮込み料理。
赤い美しい色のスープはテーブルを華やかにしてくれます。
サワークリームを添えると味の変化が楽しめるのでおすすめです。

材料（4人分）
牛すねかたまり肉…600g
ビーツ…1個
じゃがいも…4個
にんじん…1本
玉ねぎ…1個
キャベツ…½個
にんにく…4かけ
ホールトマト缶…1缶
白ワイン…100ml
コンソメスープの素…大さじ2
水…800ml
ローリエ…1枚
塩・こしょう…各適量
サワークリーム…適量
オリーブオイル…大さじ2

作り方
❶ ビーツは塩ゆでし、皮をむいて（a）半月切りにする。
❷ 牛肉は4等分に切り、塩、こしょうをしっかりすり込む。
❸ じゃがいもは皮をむいて丸のまま、にんじんは8等分、玉ねぎは1.5cm幅のくし形切り、キャベツは4等分にする。
❹ 圧力鍋に❷を入れ、白ワインを加えて蓋をして強火にかけ、圧力がかかったら弱火にして15分加圧して火を止め、自然放置する。
❺ 鍋にオリーブオイルを熱し、潰したにんにくを炒め、香りが出たら、コンソメスープの素、分量の水、ローリエ、❹、じゃがいも、にんじんを加える。沸騰したら、トマト缶、玉ねぎ、ビーツ、キャベツを加え、野菜がやわらかくなるまで中火で20〜30分ほど煮る（b）。塩、こしょうで味をととのえ、器に盛り、サワークリームを添える。

Point!

a　ゆでたら、ペーパータオルを使って皮をむいて。

b　沸騰したら、トマト缶、玉ねぎ、ビーツを加えて。

Memo

ビーツの扱い方のコツ

ビーツはサトウダイコンの仲間で、真っ赤な色が印象的な野菜。生のビーツは丸ごとゆでて皮をむいて使います。最近ではスーパーでも手に入りやすくなっています。手に入らなければ、ビーツの缶詰で代用を。

Part 5 具だくさんのごちそうスープ　109

大きめ具材のごちそうスープ_04

参鶏湯
(サムゲタン)

参鶏湯は、鶏肉にもち米、にんにく、クコの実などを詰めて煮込んだ韓国料理。
熱いスープですが、夏の料理として扱われることが多いのも特徴です。
本場では丸鶏を使いますが、家庭では鶏手羽元がお手軽でおすすめ。

材料（4人分）
鶏手羽元…8本
長ねぎ…1本
ごぼう…1本
にんにく…5かけ
しょうが（薄切り）…2かけ分
ナツメ（ドライタイプ）…6個
クコの実…大さじ2
もち米…大さじ3
水…800ml
鶏がらスープの素…大さじ2
酒…100ml
白すりごま…適量

作り方
❶鶏手羽元は切り目を入れ（a）、さっと湯通しする。
❷鍋にすりごま以外の材料と❶を加えて弱火にかけ、沸騰させないように20〜30分コトコト煮る。
❸もち米の形が崩れたら（b）、塩（分量外）で味をととのえ、白すりごまをたっぷりかける。

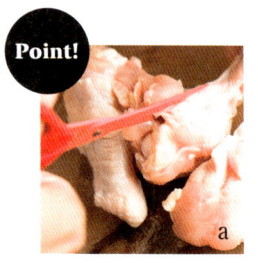

Point!

a　鶏手羽元は骨に沿ってキッチンばさみで切り目を入れて。

b　もち米はこのぐらい形が崩れるまでコトコト煮込みます。

Memo

高麗人参の代わりにごぼうでアクセントを

本来の参鶏湯には高麗人参が入っているのですが、家庭で作る場合は、ごぼうを入れて香りをプラスして。干したナツメは、鉄分と葉酸が豊富で、肌の弾力を保ち、くすみのない美肌を作ります。

Part 5 具だくさんのごちそうスープ　111

大きめ具材のごちそうスープ_05

骨つき鶏のスープカレー

彩りのよい夏野菜をふんだんに使ったサッパリ味のスープカレー。
スパイスで作るタイプもいいけれど、カレールウと市販のサルサソースで簡単に作りましょう。
夏に食べたいスッキリとした味わいです。

材料（4人分）

骨つき鶏もも肉…2本
かぼちゃ…1/8個
オクラ…4本
パプリカ（赤・黄）…各1/2個
ズッキーニ…1/2本
なす…2本
玉ねぎ（みじん切り）…1個分
セロリ（みじん切り）…1本分
カレールウ…1個（20g）
水…600ml
コンソメスープの素…小さじ2
サルサソース（市販品）…1瓶（240g）
塩…小さじ1
こしょう…適量
オリーブオイル…大さじ1
揚げ油…適量

作り方

❶ 鶏肉に塩、こしょうをしっかりすり込み、フライパンで両面じっくりと脂を出すように焼く(a)。
❷ かぼちゃは薄切り、オクラはガクを取り除く。パプリカは種とワタを取り除き、2cm幅に切り、ズッキーニは1cm幅の輪切り、なすはヘタを落とし縦半分に切って、格子状に切り目を入れる。
❸ 揚げ油を160℃に熱し、❷をそれぞれ素揚げして揚げ網に上げる(b)。
❹ 鍋にオリーブオイルを熱し、玉ねぎとセロリのみじん切りを炒め、水、コンソメスープの素、サルサソース、カレールウを加えて沸騰させ、❶、❸を入れて軽く煮立てる。

Point!

a 骨つき鶏肉から出た脂はペーパータオルでふき取って。

b 色とりどりの夏野菜は素揚げして、最後に加えます。

Memo

雑穀ごはんを添えてヘルシーに

色とりどりの素揚げ野菜と、大きな骨つき鶏もも肉のスープカレーは深めのスープ皿に取り分け、雑穀ごはんを添えて。おもてなしにもぴったりです。骨つきもも肉はナイフとフォークで切り分けながらいただきましょう。

Part 5 具だくさんのごちそうスープ

大きめ具材のごちそうスープ_06

えびのグリーンカレー

グリーンカレーといえば、タイカレーと言われるタイ料理。
最近では、グリーンカレーペーストが市販されているので、手軽に作ることができます。
えびは大きめがおすすめ。クスクスがなければ、ライスでも。

材料（4人分）
えび（大）…12尾
玉ねぎ…1個
なす…2本
ピーマン…2個
ミニトマト…12個
しょうが（せん切り）…1かけ分
にんにく（輪切り）…2かけ分
グリーンカレーペースト…大さじ2
水…400ml
ココナッツミルク…400ml
ナンプラー…大さじ1強
オリーブオイル…大さじ½
クスクス…4人分

作り方
❶ えびは尾を残して殻をむき、背ワタを取る。玉ねぎはくし形切り、なすは2cm幅の輪切り、ピーマンは種とワタを取り除き、縦4等分に切る。ミニトマトはヘタを取る。
❷ 鍋にオリーブオイルを中火で熱し、にんにくとしょうがを炒め、グリーンカレーペーストを入れて1分ほど炒める（a）。
❸ ❷にえびを入れ、色が変わるまで炒め、さらに❶のなす、分量の水を順に加え、5分ほど煮る。
❹ ❶の残りの野菜とココナッツミルクを加えて1〜2分ほど煮、ナンプラーで味をととのえる（b）。
❺ 器に❹を盛り、クスクスを添えていただく。

Point!

a グリーンカレーペーストは油とじっくりなじませて。

b 野菜に火が通ったら、ナンプラーで味をととのえます。

Memo

クスクスのおいしい蒸し方

クスクスは熱湯で蒸らすと簡単ですが、蒸し方にこだわったほうがおいしくなります。ボウルにクスクスと水、オリーブオイル、塩を加えて混ぜ、数分おいたら、蒸気の上がった蒸し器に入れて購入したメーカーの表示通りに蒸しましょう。

Part 5 具だくさんのごちそうスープ

大きめ具材のごちそうスープ_07

バクテー

バクテーとは、シンガポールの鍋料理。
骨つき肉をたっぷりのスパイスとにんにく、セロリで煮込みます。がっつり肉を食べたいときや、
疲れ気味かな…と思うときにピッタリのスタミナスープです。

材料（4人分）
豚スペアリブ…800g
セロリ…2本
しょうがの皮…適量
にんにく…1玉
バクテースパイス
　（グローブ・シナモン・八角・
　　ナツメ・黒こしょう）…1袋
香菜の茎（みじん切り）…2株分
香菜の葉（春はセリでも）…適量
水…800ml
塩・こしょう…各適量

作り方
❶スペアリブは塩、こしょうをしっかりまぶす。セロリは斜めにスライスする。にんにくはばらして薄皮を取り除く。
❷圧力鍋に❶を入れ、しょうがの切れ端、ひたひたの水を加えて蓋をして強火にかける。圧力がかかったら、弱火にして3分加圧し、自然放置する(a)。
❸❷のスペアリブを水で洗って鍋に入れ(b)、にんにく、バクテースパイス、分量の水を加えて弱火にかけ、30〜40分ほどコトコト煮る。
❹セロリ、香菜の茎を加え、塩、こしょうで味をととのえる。お好みで香菜の葉をトッピングする。

Point!

脂が気になるときは、前日に下ゆでをして冷蔵庫へ。翌日、固まった脂を取り除いてから使う。

下ゆでしたスペアリブは、水で洗うのがポイント。余分な脂が取れる。

Memo

バクテースパイスがなければ、スパイスを組み合わせて

バクテースパイスは、中華街や輸入食材を扱っているお店のネット販売などで手に入りますが、自分でスパイスを組み合わせて代用することも可能です。クローブ、シナモン、八角、ナツメ、黒こしょうで代用可。

Part 5 具だくさんのごちそうスープ 117

大きめ具材のごちそうスープ_08

ブイヤベース

盛りだくさんの魚介とトマトの
ごちそうスープ、ブイヤベース。
魚介類は香草などと一度蒸し焼きにしてから
トマト缶を加えると濃厚な味わいに。

材料（4人分）
たら・金目鯛（切り身）…各2切れ
いか…1杯
あさり（殻つき）…150g
有頭えび（大）…4尾
イタリアントマト
　…4個（ミニトマトの場合は6個）
にんにく（みじん切り）…4かけ分
玉ねぎ（みじん切り）…1個分
セロリ（みじん切り）…1本分
ホールトマト缶…1缶
塩…小さじ½強
タイム…適量
ブラックオリーブ…8粒
白ワイン…50ml
オリーブオイル…大さじ2

作り方
❶たら、金目鯛、イタリアントマトは食べやすい大きさに切り、いかはワタを取り2cm幅の輪切りにする。あさりは3%の塩水に一晩浸して砂抜きする。えびは背ワタを取り除く。
❷鍋にオリーブオイル、にんにくを入れて中火で加熱し、香りが出てきたら玉ねぎ、セロリを加えしんなりするまで炒める。❶の魚介類を入れ、フレッシュハーブ、ブラックオリーブ、白ワインを加えて、蓋をして5分ほど加熱し、蒸し焼きにする。
❸トマト缶を汁ごとつぶしながら加えて沸騰させ、塩で味をととのえ、❶のイタリアントマトを加え、タイムをのせる。

Point!
玉ねぎ、セロリがしんなりしたら、魚介を入れて蒸し焼きに。

大きめ具材のごちそうスープ_09

カルビチゲスープ

韓国料理のスープといえば、チゲスープ。スンドゥブチゲなどが有名ですが、おいしい牛カルビ肉を入れてさらに豪華に。仕上げに生卵を落として混ぜながらどうぞ。

材料（4人分）
- 牛カルビ肉…10枚
- にんにく…2かけ
- 大根…1/6本
- にんじん…1/4本
- 長ねぎ…1本
- にら…1/2束
- 白菜キムチ…100g
- 絹ごし豆腐…1丁（300g）
- 卵…1個
- コチュジャン…大さじ2
- 酒…大さじ2
- ダシダ…大さじ1/2
- 水…600ml
- みそ…大さじ1
- ごま油…大さじ1

作り方

❶にんにくはみじん切り、大根、にんじんは短冊切り、長ねぎは斜め薄切り、にらは1cm幅に切り、白菜キムチはざく切りにする。

❷鍋にごま油を中火で熱し、にんにく、コチュジャン、白菜キムチ、牛肉を加えて炒め、酒、ダシダ、分量の水を加えてひと煮立ちさせる。

❸6つに切った豆腐、❶の大根、にんじん、長ねぎ、みそを加えて混ぜ、再度沸騰したら、にらを加え、卵を割り落とす。

Point!
すぐに火が通って、変色しやすいにらは、一番最後に加えて。

フードプロセッサーで作る
スープに合うプチパン

おいしいスープには、パンがよく合います。
お店のパンもいいけれど、フードプロセッサーを使って、
パン作りをしてみませんか？
ふわふわの焼きたてパンをスープとどうぞ。

コロッと ハニーグラハムパン

全粒粉が入ったグラハムパン。
コロコロとしたミニサイズでくるみの食感がたまりません。
ポタージュスープやシチューなどに添えて
おいしくいただきましょう。

材料（12個分）

A
- 強力粉…170g
- 全粒粉…30g
- ドライイースト…4g
- 塩…3g

B
- 牛乳…60g
- 冷水…60g
- はちみつ…12g
- バター（冷やしておく）…15g
- くるみ（ローストしたもの）…40g

作り方

1 こねる

❶強力粉、全粒粉、ドライイーストをよく混ぜ、塩を加えさらに混ぜる。Bの牛乳、冷水、はちみつはよく混ぜておく。

❷フードプロセッサーにAを入れ、Bを加えて混ぜる。

❸粉っぽさがなくなったら、冷やしたバターを加え、さらに混ぜる。

❹ひとかたまりになったら、打ち粉をした台に移し、1～2分こねる。

❺砕いたくるみを表面に散らし、4等分にして重ねながら全体をまとめて丸める。

2 一次発酵　40分

ボウルに油を塗り、丸めた1を入れ、ラップをしっかりかけ、室温において発酵させる。

3 ガス抜き・分割・丸める　30g×12個

❶打ち粉をふった台の上に生地をひっくり返してのせ、両手で押えながらガスを抜く。スケッパーでカットして30gを計量し、丸めていく。

❷台の上に均等に並べる。

4 ベンチタイム　15分

乾いた布巾をかけ、その上から固く絞った布巾をかける。

5 成型　丸め直し

4を丸め直し、オーブンシートを敷いた天板に並べる。

6 二次発酵　20分

オーブンに天板ごと入れ、中で二次発酵させる。

7 仕上げ

十字にはさみで切り込みを入れ、上から強力粉（分量外）を軽くふる。

8 焼成　190℃　8～9分

190℃に予熱したオーブンで8～10分焼く。

フードプロセッサーで作るスープに合うプチパン

チーズスティックパン

パルミジャーノを生地に練り込み、焼く前にもたっぷりふりかけて焼くから、チーズの香ばしさがたまりません。スティック状に切って成形すれば、スープカップにかけてもおしゃれ。

材料（12本分）
強力粉…170g
薄力粉…30g
ドライイースト…4g
砂糖…12g
塩…4g
パルミジャーノ…30g
冷水…130g
バター（冷やしておく）…10g
トッピング
溶き卵…1個分
パルミジャーノレッジャーノ…適量

作り方

1 こねる
❶強力粉、薄力粉、ドライイーストをよく混ぜ、砂糖、塩、パルミジャーノの順に加え、その都度よく混ぜる。
❷フードプロセッサーに❶と冷水を加え、粉っぽさがなくなったら、冷やしたバターを加えさらに混ぜる。
❸ひとかたまりになったら、打ち粉をした台に移し、1〜2分こねてさらに混ぜ、生地を丸める。

2 一次発酵（P121と同様）**40分**

3 ガス抜き（P121と同様）・丸め直す

4 ベンチタイム（P121と同様）**15分**

5 成型
❶22×22cmの正方形にのばす。
❷片面に溶き卵を塗り、パルミジャーノをかけ（a）、オーブンシートをかぶせ、麺棒でのばして密着させる。
❸1cm幅にカットし（b）、オーブンシートを敷いた天板に並べる。スティック状にするときは片方の端を手前に曲げる。

6 二次発酵（P121と同様）

7 焼成（P121と同様）**180℃ 8〜9分**

Point!

生地を22×22cmの正方形にのばしたら、パルミジャーノをふります。

ピザ用カッターで、端から1cm幅にカットして。

ミニミニ山型パン

パウンドケーキの型を使って、食パンを焼きましょう。焼き上がりは、とってもかわいい山型サイズ。手でちぎりながら食べられるのもうれしい。

材料（縦18×横8×高さ6cmのパウンド型1台分）
強力粉…200g
ドライイースト…4g
塩…4g
バター（冷やしておく）…30g
牛乳…110g
卵…½個
はちみつ…24g

作り方

1 こねる
❶強力粉、ドライイーストをよく混ぜ、塩を加えてさらに混ぜる。
❷牛乳、卵、はちみつはよく混ぜておく。
❸フードプロセッサーに❶を入れ、❷を加えて混ぜる。粉っぽさがなくなったら、冷やしたバターを加え、さらに混ぜる。
❹ひとかたまりになったら、打ち粉をした台に移し、1～2分こねてさらに混ぜ、生地を丸める。

2 一次発酵（P121と同様）　40分

3 ガス抜き・分割・丸める
打ち粉をふった台の上に生地をひっくり返してのせ、両手で押えながらガスを抜く。スケッパーで、3等分にカットし、丸める。

4 ベンチタイム（P121と同様）　15分

5 成型　丸め直し
丸め直し、油（分量外）を塗ったパウンド型に詰める。

6 二次発酵（P121と同様）　30分

7 焼成（P121と同様）　180℃　20～25分

Point!
ベンチタイムが終わった生地を丸め直して、パウンド型に詰めて。

にんじんパン

にんじんのオレンジ色が
ほんのりかわいい、山型食パン。
お子さんのおやつにも、おもてなしにも喜ばれます。
具だくさんのごちそうスープに添えてどうぞ。

材料（縦18×横8×高さ6cmのパウンド型1台分）

にんじん（すりおろし）…70g
強力粉…200g
ドライイースト…4g
塩…3g
牛乳…40g
冷水…40g
はちみつ…20g
バター（冷やしておく）…20g

作り方

1 こねる

❶強力粉、ドライイーストをよく混ぜ、塩を加えてさらに混ぜる。
❷牛乳、冷水、はちみつ、にんじんは合わせてよく混ぜておく。
❸フードプロセッサーに❶を入れ、❷を加えて混ぜる。粉っぽさがなくなったら、冷やしたバターを加え、さらに混ぜる。
❹ひとかたまりになったら、台に移し、1～2分こねてさらに混ぜ、生地を丸める。

2 一次発酵（P121と同様） 40分
3 ガス抜き・分割・丸める（P123と同様）
4 ベンチタイム（P121と同様） 15分
5 成型　丸め直し（P123と同様）
6 二次発酵（P121と同様） 30分
7 焼成（P121と同様） 180℃ 20～25分

Point!

にんじんのすりおろしは、牛乳と水、はちみつと混ぜておきます。

ノンイーストパン

イーストを使わないパンは、素朴な味わい。
イーストで膨らませる発酵時間もいらず、
混ぜて型に流し入れたり、
型で抜いて焼くだけだから、本当に簡単です。

コーンブレッド

材料（直径15cmのケーキ型1台分）

コーングリッツ…70g

A
- 薄力粉…60g
- 強力粉…60g
- 塩…2g
- ベーキングパウダー…10g

卵…50g
グラニュー糖…30g
牛乳…50g
生クリーム…40g
バター…40g

作り方

❶オーブンを180℃に予熱する。ケーキ型にクッキングシートを敷く。
❷Aを合わせてふるってボウルに入れ、コーングリッツと混ぜ合わせる。
❸別のボウルに、卵とグラニュー糖を泡立て器で白っぽくなるまで十分泡立てる。
❹牛乳と生クリームを人肌に温め、❸に加える。溶かしたバターを加え混ぜる。
❺❹に❷を入れて混ぜる（混ぜすぎないこと）。
❻ケーキ型に流し入れる。コーンミール小さじ1（分量外）を全体にふりかける。
❼170℃のオーブンで25～35分焼く。

スコーン

材料（直径5cmの丸型9個分）

A
- 薄力粉…200g
- ベーキングパウダー…15g
- きび砂糖…30g
- 塩…少々
- 無塩バター…100g

牛乳…100ml

※下準備
　無塩バターは1.5cm角に切って冷蔵庫で30分以上冷やす。

作り方

❶フードプロセッサーにAを入れて、バターの粒が小さくなるまで攪拌する。
❷よく冷えた牛乳を加え、さらに攪拌し、ひとまとめにする。
❸打ち粉（強力粉）をした台に生地を取り出し、生地をまとめる。麺棒で厚さ1.5cmにのばして、直径5cmの丸型で型抜きする。
❹❸をオーブンシートを敷いた天板に並べ、生地の上に牛乳（分量外）をはけで少量ずつ塗る。
❺200℃に熱したオーブンで10～13分焼く。

Point! 
生地に丸型を押したら、
回しながらはずすと
きれいに抜けます。

フードプロセッサーで作るスープに合うプチパン

さくいん

肉類・肉加工品

牛肉
スパイシーハヤシライス……46
合いびき団子の
デミグラスープ……74
ビーフシチュー……102
ボルシチ……108
カルビチゲスープ……119

豚肉
お雑煮……48
豚団子の和風シチュー……72
合いびき団子の
デミグラスープ……74
すりごま豚汁……93
ポトフ……106
バクテー……116

鶏肉
チキンときのこの
クリームシチュー……13
鶏ささ身と薬味のスープ……29
エスニックチキンスープ……41
ほうれん草と長ねぎのスープ……60
鶏団子と高菜のスープ……73
まじめな欧風カレー……85
参鶏湯……110
骨つき鶏のスープカレー……112

ひき肉
野菜たっぷり担々スープ……50

ベーコン・ウインナー
かぼちゃのキッシュ……14
ウインナーとせん切り野菜の
カレースープ……29
根菜のコンソメスープ……30
たっぷり野菜の
コンソメスープ……37
クラムチャウダー……42
ミネストローネ……44
ガンボスープ……46
豆乳根菜スープ……48
白菜グラタンスープ……86
卵キッシュ……86
きのことチンゲン菜の
スープ……94

魚介類・魚加工品

あさり
あさりと豆腐の
エスニックスープ……31
クラムチャウダー……42
あさりと
キャベツときのこのスープ……64
キムチとあさりのスープ……95
ブイヤベース……118

あじ
あじ団子のおすまし……76

アンチョビ
焼きミニトマトと
アンチョビのパスタ……88

いか
ブイヤベース……118

えび
クリームグラタン……13
えび団子とセロリのスープ……75
トムヤムリゾット……97
えびのグリーンカレー……114
ブイヤベース……118

サーモン
サーモンシチュー……39

ちりめんじゃこ
玄米プチコロスープ……51

鯛・たら
たら団子と塩麹の
ミルクスープ……77
ブイヤベース……118

ツナ(缶)
めかぶとオクラのスープ……62
大根とにんじんの
ツナスープ……95

海藻類

とろろ昆布
モロヘイヤとセロリの
スープ……68

めかぶ
めかぶとオクラのスープ……62

わかめ麺
めかぶとオクラのスープ……62

野菜

青じそ
あじ団子のおすまし……76

オクラ
ガンボスープ……46
めかぶとオクラのスープ……62
骨つき鶏のスープカレー……112

かぶ
かぶのポタージュ……22
たっぷり野菜の
コンソメスープ……37
玄米プチコロスープ……51
たら団子と塩麹の
ミルクスープ……77
かぶのグラタンスープ……90

かぼちゃ
かぼちゃのポタージュ……14
骨つき鶏のスープカレー……112

カリフラワー
カリフラワーのポタージュ……19
クラムチャウダー……42

キャベツ
たっぷり野菜の
コンソメスープ……37
クラムチャウダー……42
ミネストローネ……44
あさりと
キャベツときのこのスープ……64
ボルシチ……108

ごぼう
ごぼうのポタージュ……26
根菜のコンソメスープ……30
豆乳根菜スープ……48
すりごま豚汁……93
参鶏湯……110

ズッキーニ
たっぷり野菜の
コンソメスープ……37

セロリ
じゃがいものポタージュ……10
かぼちゃのポタージュ……14
さつまいものポタージュ……16
そら豆のポタージュ……18
カリフラワーのポタージュ……19
にんじんのポタージュ……20
かぶのポタージュ……22
ほうれん草のポタージュ……24
ごぼうのポタージュ……26
ブロッコリーのポタージュ……27
たっぷり野菜の
コンソメスープ……37
クラムチャウダー……42
ミネストローネ……44
ガンボスープ……46
野菜たっぷり担々スープ……50
玄米プチコロスープ……51
ほうれん草と長ねぎの
スープ……60
モロヘイヤとセロリのスープ……68
豚団子の和風シチュー……72
合いびき団子の
デミグラスープ……74
えび団子とセロリのスープ……75
セロリと
にんにくのグラタンスープ……91
ポトフ……106
骨つき鶏のスープカレー……112
バクテー……116
ブイヤベース……118

大根
玄米クッパ……31
野菜たっぷり担々スープ……50
コングクス風スープ……66
すりごま豚汁……93
大根とにんじんの
ツナスープ……95
韓国風トック風スープ……96
カルビチゲスープ……119

玉ねぎ・ペコロス
ウインナーとせん切り野菜の
カレースープ……29
玄米クッパ……31
たっぷり野菜の
コンソメスープ……37
クラムチャウダー……42
ミネストローネ……44
ガンボスープ……46
豚団子の和風シチュー……72
合いびき団子の
デミグラスープ……74
オニオングラタンスープ……82
まじめな欧風カレー……85
ミニトマトのパスタスープ……96
押し麦のトマトリゾット……97
ビーフシチュー……102
ポトフ……106
ボルシチ……108
骨つき鶏のスープカレー……112
えびのグリーンカレー……114
ブイヤベース……118

チンゲン菜
もやしとチンゲン菜の
酸辣湯……30

きのことチンゲン菜のスープ……94

トマト・ミニトマト・
トマト缶・トマトペースト
さっぱりトマトスープ……41
ミネストローネ……44
ガンボスープ……46
トマトと卵のかき玉スープ……69
まじめな欧風カレー……85
ミニトマトの
グラタンスープ……88
焼きミニトマトと
アンチョビのパスタ……88
ミニトマトのパスタスープ……96
押し麦のトマトリゾット……97
ボルシチ……108
えびのグリーンカレー……114
ブイヤベース……118

長ねぎ・万能ねぎ
じゃがいものポタージュ……10
かぼちゃのポタージュ……14
さつまいものポタージュ……16
そら豆のポタージュ……18
カリフラワーのポタージュ……19
にんじんのポタージュ……20
かぶのポタージュ……22
ほうれん草のポタージュ……24
ごぼうのポタージュ……26
ブロッコリーのポタージュ……27
鶏ささ身と薬味のスープ……29
根菜のコンソメスープ……30
もやしとチンゲン菜の
酸辣湯……30
あさりと豆腐の
エスニックスープ……31
豆乳根菜スープ……48
野菜たっぷり担々スープ……50
玄米プチコロスープ……51
山いもとしょうがのスープ……58
ほうれん草と
長ねぎのスープ……60
めかぶとオクラのスープ……62
コングクス風スープ……66
トマトと卵のかき玉スープ……69
鶏団子と高菜のスープ……73
えび団子とセロリのスープ……75
あじ団子のおすまし……76
たら団子と塩麹の
ミルクスープ……77
白菜グラタンスープ……86
卵キッシュ……86
すりごま豚汁……93
きのことチンゲン菜の
スープ……94
キムチとあさりのスープ……95
韓国風トック風スープ……96
トムヤムリゾット……97
参鶏湯……110
カルビチゲスープ……119

なす
玄米プチコロスープ……51
骨つき鶏のスープカレー……112
えびのグリーンカレー……114

にら
カルビチゲスープ……119

にんじん
にんじんのポタージュ……20

ウインナーとせん切り野菜の
カレースープ……29
根菜のコンソメスープ……30
玄米クッパ……31
たっぷり野菜の
コンソメスープ……37
ミネストローネ……44
豆乳根菜スープ……48
コングクス風スープ……66
豚団子の和風シチュー……72
合いびき団子の
デミグラスープ……74
すりごま豚汁……93
大根とにんじんの
ツナスープ……95
韓国風トック風スープ……96
ビーフシチュー……102
ポトフ……106
ボルシチ……108
カルビチゲスープ……119

白菜
玄米プチコロスープ……51
白菜グラタンスープ……86
炒め白菜と卵のキッシュ……86

パプリカ・ピーマン
ガンボスープ……46
骨つき鶏のスープカレー……112
えびのグリーンカレー……114

ブロッコリー
クリームグラタン……13
ブロッコリーのポタージュ……27
豚団子の和風シチュー……72
たら団子と塩麹の
ミルクスープ……77

ほうれん草
ほうれん草のポタージュ……24
ほうれん草と長ねぎの
スープ……60

三つ葉
あじ団子のおすまし……76

みょうが
あじ団子のおすまし……76

もやし
もやしとチンゲン菜の
酸辣湯……30
あさりと豆腐の
エスニックスープ……31
コングクス風スープ……66
鶏団子と高菜のスープ……73
えび団子とセロリのスープ……75
キムチとあさりのスープ……95

モロヘイヤ
モロヘイヤとセロリの
スープ……68

れんこん
豆乳根菜スープ……48
野菜たっぷり担々スープ……50
玄米プチコロスープ……51

きのこ類
えのきだけ
トムヤムリゾット……97

エリンギ
チキンときのこの
クリームシチュー……13

きのことチンゲン菜の
スープ……94

しめじ
チキンときのこの
クリームシチュー……13
あさりとキャベツと
きのこのスープ……64
きのことチンゲン菜の
スープ……94

マッシュルーム
チキンときのこの
クリームシチュー……13
押し麦のトマトリゾット……97

いも類
さつまいも
さつまいものポタージュ……16
豆乳根菜スープ……48

里いも
豆乳根菜スープ……48

じゃがいも
じゃがいものポタージュ……10
ウインナーとせん切り野菜の
カレースープ……29
たっぷり野菜の
コンソメスープ……37
クラムチャウダー……42
クリームポテトコロッケ……42
ミネストローネ……44
豚団子の和風シチュー……72
ビーフシチュー……102
ポトフ……106
ボルシチ……108

山いも
山いもとしょうがのスープ……58
えび団子とセロリのスープ……75
たら団子と塩麹の
ミルクスープ……77

卵
かぼちゃのキッシュ……14
キャロットパンケーキ……21
玄米クッパ……31
トマトと卵のかき玉スープ……69
合いびき団子の
デミグラスープ……74
炒め白菜と卵のキッシュ……86
デミグラスソースの
オムライス……105
カルビチゲスープ……119

こんにゃく
こんにゃく麺・こんにゃく米
コングクス風スープ……66
モロヘイヤとセロリの
スープ……68

乳製品
牛乳
じゃがいものポタージュ……10
チキンときのこの
クリームシチュー……13

かぼちゃのポタージュ……14
さつまいものポタージュ……16
チーズリゾット……16
そら豆のポタージュ……18
カリフラワーのポタージュ……19
にんじんのポタージュ……20
キャロットパンケーキ……21
かぶのポタージュ……22
ほうれん草のポタージュ……24
ごぼうのポタージュ……26
ブロッコリーのポタージュ……27
クラムチャウダー……42
たら団子と塩麹の
ミルクスープ……77
炒め白菜と卵のキッシュ……86

チーズ
クリームグラタン……13
かぼちゃのキッシュ……14
チーズリゾット……16
オニオングラタンスープ……82
白菜グラタンスープ……86
炒め白菜と卵のキッシュ……86
ミニトマトの
グラタンスープ……88
かぶのグラタンスープ……90
セロリとにんにくの
グラタンスープ……91

生クリーム・サワークリーム
クリームグラタン……13
チキンときのこの
クリームシチュー……13
かぼちゃのキッシュ……14
ほうれん草の
クリームニョッキ……24
サーモンシチュー……39
クリームポテトコロッケ……42
炒め白菜と卵のキッシュ……86
デミグラスソースの
オムライス……105

プレーンヨーグルト
キャロットパンケーキ……21
まじめな欧風カレー……85

豆類・大豆加工品
油揚げ
すりごま豚汁……93

白いんげん
ミネストローネ……44

そら豆
そら豆のポタージュ……18

豆乳
豆乳根菜スープ……48
野菜たっぷり担々スープ……50
コングクス風スープ……66

豆腐
あさりと豆腐の
エスニックスープ……31
カルビチゲスープ……119

豆腐そうめん
山いもとしょうがのスープ……58

ミックスビーンズ
ガンボスープ……46

春雨
あさりとキャベツと
きのこのスープ……64

トマトと卵のかき玉スープ……69

果実加工品
ココナッツミルク
ガンボスープ……46
えびのグリーンカレー……114

漬け物類
白菜キムチ
コングクス風スープ……66
キムチとあさりのスープ……95
カルビチゲスープ……119

ザーサイ
野菜たっぷり担々スープ……50

高菜漬け
鶏団子と高菜のスープ……73

主食・粉類・穀類
**ごはん・米・もち米・
玄米・タイ米**
チーズリゾット……16
にんじんのポタージュ……20
かぶのポタージュ……22
ほうれん草のポタージュ……24
ごぼうのポタージュ……26
ブロッコリーのポタージュ……27
玄米クッパ……31
野菜カレー……39
スパイシーハヤシライス……46
玄米プチコロスープ……51
まじめな欧風カレー……85
トムヤムリゾット……97
デミグラスソースの
オムライス……105
参鶏湯……110

パイシート
かぼちゃのキッシュ……14

**パスタ・ニョッキ・マカロニ・
クスクス**
クリームグラタン……13
ほうれん草の
クリームニョッキ……24
スープパスタ……40
ミニトマトの
グラタンスープ……88
焼きミニトマトと
アンチョビのパスタ……88
ミニトマトのパスタスープ……96
ビーフシチュー……103
えびのグリーンカレー……114

ハトムギ
ハトムギのミネストローネ……44
ほうれん草と長ねぎの
スープ……60

ホットケーキミックス
キャロットパンケーキ……21

餅
お雑煮……48
トック……96

バケット
オニオングラタンスープ……82
セロリとにんにくの
グラタンスープ……91

127

Profile

上島亜紀 aki kamishima

1967年、神奈川県生まれ。
料理家・フードコーディネーター&
スタイリストとして女性誌を中心に活動。
企業のレシピ監修、提案も行う。
パン講師、食育アドバイザー、アスリートフードマイスター取得。
簡単に作れる日々の家庭料理を大切にしながら、
主宰する料理教室「A's Table」では、
楽しくて美しいおもてなし料理を提案している。
他、不定期に子供の料理教室「Chanto!Chanto!」を通じて
作ること、食べてもらうことの楽しさを伝えている。
著書に「塾ごはん」(幻冬舎)、「本当においしい!とほめられる
毎日かんたん!作りおき&ごちそうおかず」(ナツメ社)がある。

撮影協力
ストウブ(ツヴィリング J.A. ヘンケルスジャパン)
http://www.staub.jp tel: 0120-75-7155

UTUWA
〒151-0051 東京都渋谷区千駄ヶ谷 3-50-11 明星ビルディング 1F
tel: 03-6447-0070

Staff

撮影／安部まゆみ
デザイン／中村圭介　清水翔太郎　伊藤永祐(ナカムラグラフ)
スタイリング／関澤真紀子
校閲／関根志野
編集・構成・文／丸山みき(SORA企画)
編集アシスタント／岩本明子(SORA企画)
企画・編集／森香織(朝日新聞出版編集部)

野菜たっぷり　スープの本

監　修／上島亜紀
発行者／須田剛
発行所／朝日新聞出版
　　　　〒104-8011 東京都中央区築地 5－3－2
　　　　電話 (03)5541－8996 (編集)
　　　　　　(03)5540－7793 (販売)
印刷所／図書印刷株式会社

ⓒ 2014 Asahi Shimbun Publications Inc.
Published in Japan by Asahi Shimbun Publications Inc.
ISBN 978-4-02-333002-3

定価はカバーに表示してあります。
落丁・乱丁の場合は弊社業務部(電話 03－5540－7800)へご連絡ください。
送料弊社負担にてお取り替えいたします。

本書および本書の付属物を無断で複写、複製(コピー)、引用することは
著作権法上での例外を除き禁じられています。また代行業者等の第三者に依頼して
スキャンやデジタル化することは、たとえ個人や家庭内の利用であっても一切認められておりません。